Die Systematik der sexuellen Gewalt- und Missbrauchsdelikte nach den Reformen 1997, 1998 und 2004

Europäische Hochschulschriften
Publications Universitaires Européennes
European University Studies

Reihe II
Rechtswissenschaft

Série II Series II
Droit
Law

Bd./Vol. 4239

PETER LANG
Frankfurt am Main · Berlin · Bern · Bruxelles · New York · Oxford · Wien

Barbara Hermann-Kolb

Die Systematik der sexuellen Gewalt- und Missbrauchsdelikte nach den Reformen 1997, 1998 und 2004

PETER LANG
Europäischer Verlag der Wissenschaften

Bibliografische Information Der Deutschen Bibliothek
Die Deutsche Bibliothek verzeichnet diese Publikation in der Deutschen Nationalbibliografie; detaillierte bibliografische Daten sind im Internet über <http://dnb.ddb.de> abrufbar.

Zugl.: Kiel, Univ., Diss., 2005

D 8
ISSN 0531-7312
ISBN 3-631-54258-5

www.peterlang.de

Vorwort

Die vorliegende Arbeit wurde im Wintersemester 2004/2005 von der Rechtswissenschaftlichen Fakultät der Christian-Albrechts-Universität zu Kiel als Dissertation angenommen.
Das Manuskript wurde im September 2004 fertig gestellt. Die bis einschließlich April 2005 veröffentlichte Rechtsprechung und Literatur wurde berücksichtigt.

Mein besonderer Dank gilt Frau Prof. Dr. Monika Frommel, die mich in beispielhafter Weise betreut und das Erstgutachten erstellt hat.
Danken möchte ich auch Herrn Prof. Dr. Andreas Hoyer für die zügige Zweitkorrektur.

Schließlich danke ich meinem Mann Robert und meiner Mutter, die mich bei der Arbeit moralisch unterstützt und in meinem Vorhaben immer wieder bestärkt haben.

München, im Mai 2005

Barbara Hermann-Kolb

Inhaltsverzeichnis

Einleitung

Mit der Reform des Sexualstrafrechts 1997 wurde in § 177 I StGB eine zusätzliche Alternative aufgenommen, die das Nötigen zur Duldung oder zur Vornahme sexueller Handlungen „unter Ausnutzung einer Lage, in der das Opfer der Einwirkung des Täters schutzlos ausgeliefert ist“ unter Strafe stellt.

Mit der sogenannten „Ausnutzungsvariante“ sollten Strafbarkeitslücken geschlossen werden, die aufgrund der Rechtsprechung zu den §§ 177, 178 a.F. StGB bestanden. Dem höchstpersönlichen Rechtsgut der sexuellen Selbstbestimmung sollte hierdurch gegenüber materiellen Rechtsgütern wie Eigentum, Vermögen und Sicherheit des Rechtsverkehrs ein größeres Gewicht verliehen werden.[1]

Die sexuelle Selbstbestimmung ist Teil des allgemeinen, der Menschenwürde entspringenden Persönlichkeitsrechts, da sie eng mit der intellektuellen, moralischen und sozialen Identität der Person verknüpft ist. Infolge dessen werden Grenzverletzungen als besonders schwerwiegender Angriff auf die Persönlichkeit empfunden.[2]

Sexuelle Selbstbestimmung wird definiert als die Freiheit der Person, über Ort, Zeit, Form und Partner sexueller Betätigung frei zu entscheiden.[3]
Das sexuelle Selbstbestimmungsrecht umfasst also sowohl das „Ob“, als auch das „Wie“ der sexuellen Betätigung. Dies ist nicht nur Teil der allgemeinen Handlungsfreiheit, sondern enthält als „Recht auf erwünschte Sexualität“ zugleich ein Verbot der Autonomieverletzung.[4]

Da das sexuelle Selbstbestimmungsrecht aber keinen uneingeschränkten Schutz zur Entfaltung der eigenen Sexualität bieten kann, wird lediglich ein Schutz vor bestimmten widerrechtlichen Angriffen, sowie gegen bestimmte Formen der Machtausübung und der Herrschaft über Menschen gewährt.[5]

Strafrechtlich verboten ist daher nur die Vornahme oder Duldung sexueller Handlungen ohne oder gegen den Willen des Betroffenen.
Das hat wiederum zur Konsequenz, dass das Selbstbestimmungsrecht im Regelfall nicht durch Überzeugen oder Überreden verletzt werden kann, und zwar auch dann nicht, wenn zwischen den Personen ein intellektuelles oder soziales Machtgefälle besteht.[6]

[1] vgl. BT-Drucks. 13/9064, S. 1.
[2] T/F-Fischer, vor § 174 StGB, Rdnr. 5
[3] T/F-Fischer, vor § 174 StGB, Rdnr. 5.
[4] Oberlies, ZStW 114 (2002), 146.
[5] Sick, ZStW 103, 51.
[6] Fischer, ZStW 112, 81, 82.

Eine Ausnahme wird allerdings in den Fällen gemacht, in denen dem Opfer die Selbstbestimmungsfähigkeit in Bezug auf die sexuellen Handlungen fehlt. Denn sexuelle Selbstbestimmung setzt Autonomie der Person und damit eine gewisse Einsichts- und Steuerungsfähigkeit voraus, die aber bei unreifen Kindern und Jugendlichen, ebenso wie bei einigen geistig behinderten Menschen fehlt.

Das Nichtvorliegen der Tatbestandsvoraussetzungen des § 177 StGB führt daher in diesen Fällen regelmäßig nicht zur Straffreiheit des Täters, sondern zu einer Bestrafung nach §§ 176, 176 a, 179 StGB.

Das Zusammenspiel der §§ 176, 176 a, 177 und 179 StGB ist seit Einführung der „Ausnutzungsvariante" in § 177 StGB ungeklärt, da seitdem aufgrund des von der Rechtssprechung weit ausgelegten Nötigungsmerkmals[7] ein Großteil der bisher von den Vorschriften der §§ 176, 176 a und 179 StGB erfassten Fälle auch unter § 177 I Nr. 3 StGB subsumiert werden kann.

Ob die teilweise vorgetragene Kritik, die Grenzen zwischen sexueller Nötigung und sexuellem Missbrauch seien hierdurch verwischt[8], berechtigt ist oder aber die Vorschriften nach den Reformen 1997 und 1998 durchaus in ein stimmiges System gebracht werden können, ist Gegenstand der folgenden Untersuchung, ebenso wie die Frage, welche Auswirkungen die zum 01.04.2004 in Kraft getretene Änderung in den §§ 176, 176 a und 179 StGB auf die Abgrenzung der Vorschriften und deren Verhältnis zueinander haben.

Die Arbeit ist in zwei Teile gegliedert.

Teil 1 gibt einen Überblick über die Vorschriften der §§ 176, 176 a, 177 und 179 StGB im Einzelnen, insbesondere unter Berücksichtigung der Veränderungen durch die Reformen.

In Teil 2 der Arbeit werden die Vorschriften in ein stimmiges System gebracht, wobei auch das Verhältnis zueinander und zu Vorschriften außerhalb des 13. Abschnitts des StGB untersucht wird.

[7] vgl. u.a. BGH NJW 2003, 543 (3 StR 446/02), BGH NStZ 2000, 140, 141 (2 StR 248,/99), BGH NStZ 2004, 440, 441 (Urt. v. 28.01.2004 – 2 StR 351/03); die von der Rechtsprechung vorge nommene Auslegung der Vorschrift des § 177 I Nr. 3 StGB dahin, dass sich die Nötigung in der Vornahme der sexuellen Handlung gegen den Willen des Opfers erschöpft, wenn sich dieses in einer schutzlosen Lage befindet und der Täter dies zur Tat ausnutzt, wurde bereits vom Bundes verfassungsgericht als mit dem Bestimmtheitsgebot aus Art. 103 II GG vereinbar erklärt, BVerfG Beschl. v. 01.07.2004 – 2 BvR 568/04, NJW 2004, 3768.

[8] so z.B. Fischer, NStZ 2000, 142, 143; Graul, JR 2001, 119 (Anm. z. BGH, Urt. v. 20.10.1999 - 2 StR 248/99).

1. Teil: Rechtslage seit den Reformen 1997, 1998 und 2004

Die Vorschriften „Sexueller Missbrauch von Kindern" gemäß §§ 176, 176 a StGB, „Sexuelle Nötigung/Vergewaltigung" gemäß § 177 StGB und „Sexueller Missbrauch widerstandsunfähiger Personen" gemäß § 179 StGB wurden in den letzten Jahren wiederholt geändert, zuletzt durch das Gesetz zur Änderung der Vorschriften über die Straftaten gegen die sexuelle Selbstbestimmung und zur Änderung anderer Vorschriften vom 27.12.2003.

Bis 01.07.1997 galten die Vorschriften in der Fassung durch das 4. Strafrechtsreformgesetz. Durch das 33. Strafrechtsänderungsgesetz vom 01.07.1997 wurden die Normen der §§ 177, 179 StGB geschlechtsneutral formuliert und ihr Anwendungsbereich auf Taten zu Lasten des Ehepartners ausgedehnt.
Darüber hinaus wurden die Straftatbestände des § 177 StGB a.F. („Vergewaltigung") und des § 178 StGB a.F. („Sexuelle Nötigung") in dem Straftatbestand des § 177 StGB n.F. („Sexuelle Nötigung; Vergewaltigung") zusammengefasst, und der Grundtatbestand des § 177 I StGB n.F. wurde um eine weitere Alternative, nämlich die der Nötigung unter Ausnutzung einer schutzlosen Lage ergänzt.

Dadurch sollte ein möglichst umfassenden Schutz der Freiheit zur sexuellen Selbstbestimmung erreicht werden.[9]
Aus diesem Grund wurde auch der Straftatbestand der Vergewaltigung, nicht mehr als Qualifikation geregelt, sondern zu einem von mehreren Regelbeispielen für einen besonders schweren Fall der sexuellen Nötigung ausgestaltet.

Von 01.04.1998 bis 31.03.2004 galten die Vorschriften in der Fassung des 6. Strafrechtsreformgesetzes vom 26.01.1998, durch welches insbesondere die sexuelle Nötigung und Vergewaltigung mit Todesfolge, die bisher in § 177 IV StGB a.F. geregelt war, unter erheblicher Ausweitung des Strafrahmens in den durch das 33. Strafrechtsänderungsgesetz frei gewordenen § 178 StGB eingefügt wurde.
Ferner wurde der Strafrahmen erhöht und in § 177 III und IV StGB wurden neue Strafzumessungs- und Qualifikationstatbestände eingeführt.[10]
Darüber hinaus wurde durch das 6. Strafrechtsreformgesetz in § 176 a StGB der „schwere sexuelle Missbrauch von Kindern" neu als Qualifikation mit abgestuften Strafrahmen eingefügt. Die als Verbrechen ausgestaltete Vorschrift ersetzt die Strafzumessungsvorschrift des § 176 III StGB a.F.[11]

[9] Laubenthal, S. 34, Rdnr. 97; T/F-Fischer, § 176 StGB, Rdnr. 1; § 176 a StGB, Rdnr. 1; § 177 StGB, Rdnr. 1; § 179 StGB, Rdnr. 1.
[10] T/F-Fischer, § 177 StGB, Rdnr. 1; § 178 StGB, Rdnr. 1.
[11] Laubenthal, S. 34, Rdnr. 97; T/F-Fischer, § 176 StGB, Rdnr. 1; § 176 a StGB, Rdnr. 1; § 177 StGB, Rdnr. 1; § 179 StGB, Rdnr. 1; Kreß, NJW 98, 639.

Schließlich wurden durch das Gesetz zur Änderung der Vorschriften über die Straftaten gegen die sexuelle Selbstbestimmung und zur Änderung anderer Vorschriften vom 27.12.2003 insbesondere die Strafrahmen der Missbrauchstatbestände §§ 176, 176 a, 179 StGB nochmals erheblich verschärft und an die Strafrahmen des § 177 II StGB angenähert.

Bewirkt wurde durch die Änderungen ein System differenzierter Strafdrohungen[12], so dass im Ergebnis mehr Gleichbehandlung, nicht nur der Opfer sexueller Gewalt, sondern auch derjenigen, die in ihrer persönlichen Integrität schwer verletzt worden sind, mit den Opfern von Eigentumsdelikten erzielt werden konnte.[13]

1. Kapitel: Sexuelle Nötigung/Vergewaltigung gemäß § 177 StGB unter besonderer Berücksichtigung von § 177 I Nr. 3 StGB

Durch das 33. Strafrechtsänderungsgesetz wurde § 177 I StGB um eine dritte Alternative des Nötigens „unter Ausnutzung einer schutzlosen Lage“ erweitert. Zugleich wurde § 237 StGB a.F. aufgehoben, da der Gesetzgeber davon ausging, dass der Unrechtsgehalt des § 237 StGB a.F. vollständig von § 177 I Nr. 3 StGB n.F. umfasst wird.[14]

I. Gründe für die Einführung des § 177 I Nr. 3 StGB

Die Einführung des § 177 I Nr. 3 StGB, der sexuelle Handlungen, die dem Opfer "unter Ausnutzung einer Lage, in der das Opfer der Einwirkung des Täters schutzlos ausgeliefert ist" abgenötigt werden, mit gewaltsam oder durch Drohung erzwungenen sexuellen Handlungen gleichstellt, war erforderlich, da nach dem alten Recht Strafbarkeitslücken bestanden, die weder vom Merkmal der Gewalt noch von dem der Drohung erfasst wurden.

1. Behebung der infolge der deliktsspezifischen Restriktion bestandenen Strafbarkeitslücken

Die Strafbarkeitslücken bestanden vor allem infolge der vor den Reformen 1997/1998 durch die Rechtsprechung vorgenommenen deliktsspezifischen Ausle-

[12] Laubenthal, S. 34, Rdnr. 97, 98.
[13] Frommel, Die Reform der Sexualdelikte 1997/1998, S. 6.
[14] vgl. BT-Drucks. 13/2463, S. 6, 7; Fischer, ZStW 112, 78.

gung der beiden Nötigungsmittel "Gewalt" und "Drohung mit gegenwärtiger Gefahr für Leib oder Leben".
So wurde ein Täter, der lediglich verbal auf das Opfer einwirkte, oder nur ein verhältnismäßig geringes Maß an körperlicher Gewalt anwendete, nicht nach §§ 177, 178 StGB a.F. bestraft, ebenso wie die Anwendung lediglich psychischer Zwangswirkungen unterhalb der Schwelle der "Drohung mit gegenwärtiger Gefahr für Leib oder Leben", sowie Fälle eines listigen Vorgehens des Täters.[15]

In seiner Entscheidung vom 09.03.1990[16] führte der BGH sogar wörtlich aus:

> "Belästigungen, Zudringlichkeiten, Unverschämtheiten, Beleidigungen, aber auch eine bloße Entführung gegen den Willen der Frau durch List sind keine Gewalt".

Insbesondere führte die von der Rechtsprechung[17] vorgenommene Beschränkung des Gewaltbegriffs in §§ 177 I , 178 I StGB a.F. auf das Teilmerkmal der körperlichen Zwangswirkung zu Strafbarkeitslücken in Fällen, in denen das Opfer dem sexuellen Ansinnen des Täters aufgrund seiner eingeschränkten Verteidigungsmöglichkeiten, starr vor Schrecken oder aus Angst vor Gewaltanwendung des Täters, oder aber unter dem Eindruck vorangegangener Gewalt keinen Widerstand entgegensetzt.[18]

So konnte der Täter im „Hanauer Arztfall"[19] nicht wegen Vergewaltigung bestraft werden, da eine gegen den Körper des Opfers gerichtete Kraftentfaltung, die auf Seiten des Opfers als körperlicher Zwang empfunden wird, nicht nachgewiesen werden konnte.
In diesem vom BGH am 15.03.1989 entschiedenen Fall[20] hat der Täter als Arzt mit einer Patientin in seiner Praxis geschlechtlich verkehrt, obwohl sie ihm mit Worten zu verstehen gegeben hatte, dass sie keinen Geschlechtsverkehr wünsche.

Der BGH lehnte wie zuvor auch das Landgericht eine Verurteilung wegen Vergewaltigung ab, da die Angaben der Patientin zur Frage der Gewaltanwendung hierfür nicht zuverlässig genug wären. Denn es sei nicht unwahrscheinlich, dass die Frau, die bereits entkleidet war, als der Angeklagte sich ihr näherte, ohne körperliche Krafteinwirkung überrascht und überrumpelt wurde.

[15] Harbeck, S. 116.
[16] BGH NStZ 1990, 335 (Beschl. v. 09.03.1990 - 3 StR 58/90).
Der Entscheidung lag der folgende Sachverhalt zugrunde:
Der Angeklagte bot einer von ihm mitgenommenen Anhalterin 100 DM für die Durchführung des Geschlechtsverkehrs. Diese wollte zwar nicht, teilte dies dem Angeklagten auch mit, ließ aber schließlich aus Angst alles über sich ergehen.
[17] vgl. z.B. BGH NStZ 1981, 218.
[18] Harbeck, S. 116.
[19] BGHSt. 36, 145 ff.
[20] BGHSt. 36, 145 ff.

Dieser Fall zeigt eindrucksvoll, dass insbesondere bei Überrumpelungsfällen infolge des Überraschungseffektes eine Kraftentfaltung des Täters häufig nicht notwendig ist, die körperliche Zwangswirkung auf das Opfer aber dennoch erheblich sein kann.

Auch in einer anderen Entscheidung vom 13.04.1999[21] führte der BGH wörtlich aus:

> "Doch ergibt die eher pauschale Feststellung, dass das Mädchen versuchte, den Angeklagten mit Armen und Beinen abzuwehren, noch nicht notwendig, dass der Angeklagten seinerseits qualifizierende Gewalt gegen das Mädchen zur Erzwingung der sexuellen Handlungen verübte."

Prozessual wurde in diesem Zusammenhang häufig zugunsten des Täters vermutet, dass das Opfer keinen körperlichen Widerstand geleistet hat, wenn es weder körperliche Verletzungen, noch zerrissene Kleidung nachweisen konnte.[22]

Diese Restriktion des Gewaltbegriffs bei § 177 StGB wird bis heute von den Gerichten vorgenommen, obwohl diverse Untersuchungen gezeigt haben[23], dass Täter sexueller Straftaten sich häufig weder gewalttätig noch drohend verhalten, und damit eine Vielzahl sexueller Übergriffen von vorneherein nicht von § 177 I Nr. 1 und 2 StGB n.F. erfasst werden können.

Dahinter steht der Gedanke, dass es dem Opfer bei weniger intensiven Angriffen auf das Rechtsgut der sexuellen Selbstbestimmung durchaus zugemutet werden kann, den Angriff selbst abzuwehren, so dass das Verhindern des Angriffs durch das Sexualstrafrecht in diesen Fällen nicht erforderlich sei.

In den von § 177 I Nr. 3 StGB erfassten Fällen ist die Angriffsform zwar auch in ihrer Intensität nicht mit den besonders massiven Angriffsformen „Gewalt" und „Drohung mit gegenwärtiger Gefahr für Leib oder Leben" vergleichbar.

Dennoch wird die Ausnutzungsalternative diesen Angriffsformen gleichgestellt, da das Rechtsgut hier infolge der eingeschränkten Selbstschutzmöglichkeiten und der damit einhergehenden besonders hohen Schutzbedürftigkeit des Opfers ebenso intensiv gefährdet ist.[24]

[21] BGH StV 1999, 371 (Beschl. v. 13.04.1999 - 4 StR 101/99).

[22] so auch Frommel in Battis/Schultz, 1990, S. 265.

[23] vgl. z.B. Baurmann, S. 323. In seiner Längsschnittuntersuchung bei Opfern sexueller Gewalt und sexueller Normverletzungen anhand von angezeigten Sexualkontakten stellte Baurmann fest, dass von 7840 untersuchten Täter-Opfer-Konstellationen fast drei Viertel aller angezeigten Sexualdelikte auf Tatverdächtigen-Seite aus gewaltlosem und nicht drohendem Verhalten bestanden.

[24] Mildenberger, S. 60, 61.

2. Anpassung der Vorschrift an die „typische“ Vergewaltigungssituation

Gerade das von der Rechtsprechung geforderte Leisten von Widerstand durch das Opfer war ein Verhalten, welches von dem "typischen" Opfer gerade nicht erwartet werden kann, denn sehr häufig sind gerade Frauen während der Ausführung der Vergewaltigung motorisch wie gelähmt.

Diese Reaktion wird mit dem Begriff der "tonischen Immobilität" erklärt.
Das ist eine reflexartige allgemeine Hemmung des motorischen Systems, die bei vielen Tierspezies durch eine extreme Bedrohung oder Zwangssituation ausgelöst wird.[25] Sie wirkt sich aus in einer körperlichen Starre des Opfers, der Unfähigkeit zur Lautäußerung, dem Schließen der Augen, Zittern, einer Verringerung der Herzrate sowie einem Anstieg der Körpertemperatur und Atemfrequenz.[26] Dadurch fehlt dem Opfer die psychische Stärke, körperliche Gegenwehr zu leisten.

Darüber hinaus haben empirische Forschungen ergeben, dass körperliche Gegenwehr gegen den Angriff erst recht zu Gewalttätigkeiten durch den Täter führt und infolge dessen die Wahrscheinlichkeit von Verletzungen erhöht.[27] Insbesondere Schreien führt zu einer Brutalisierung der Tat und beschwört die Gefahr schwerer Verletzungen für das Opfer herauf, weil der Täter dadurch in Panik gerät.[28]

Wehrt sich das Opfer aber aus Angst vor einer Brutalisierung nicht, so führte dies unter Umständen dazu, dass der Täter nur wegen Nötigung gemäß § 240 StGB bestraft werden konnte, oder sogar straflos blieb.

Denn eine Bestrafung nach § 179 StGB schied regelmäßig aufgrund der eigentlich gegebenen Widerstandsfähigkeit des Opfers aus. Lediglich ausnahmsweise wurde die Erschöpfung des Opfers nach einer zuvor erfolgten Vergewaltigung einer psychischen Störung gleichgesetzt oder eine körperliche Widerstandsunfähigkeit angenommen.[29]

Darüber hinaus schied meist auch die Drohungsalternative aus, da Rechtsprechung und Literatur eine tatbestandliche Drohung erst bei einer "gewissen äußeren Schwere des in Aussicht gestellten Angriffs auf die körperliche Unversehrtheit"[30] annahmen.
Nicht zuletzt aufgrund dieser vom Gesetzeswortlaut nicht vorgegebenen Restriktion entstand eine Schutzlücke, da die meisten Drohungen die Erheblichkeitsschwelle nicht überschreiten.[31]

[25] Harbeck, S. 107, 108; Mildenberger, S. 35.
[26] Harbeck, S. 107, 108; Mildenberger, S. 35.
[27] vgl. auch Mildenberger, S. 35, 36.
[28] Sick, S. 119.
[29] vgl. u.a. BGH StV 1985, 12, 13 (Beschl. v. 02.10.1984 – 4 StR 551/84); Harbeck, S. 100 f.
[30] BGH (Urt. v. 29.10.1974 – 1 StR 525/74) bei: Dallinger, MDR 1975, 196.
[31] Kruse/Sczesny, KJ 1993, 343.

Zwar wurde vor Einführung der Ausnutzungsvariante gelegentlich die Fortwirkung der einmal angewandten Gewalt als Drohung im Sinne des § 177 StGB angenommen, wenn das Opfer nur aus Furcht vor weiterer Gewalt keinen nennenswerten Widerstand mehr leistet.
Voraussetzung hierfür war aber ein enger Zusammenhang zwischen der Gewaltanwendung und der Vornahme der sexuellen Handlungen dergestalt, dass die vorangegangene Gewalt nach dem Willen des Täters der Herbeiführung des späteren Geschlechtsverkehrs dienen sollte und auch diente, weil das Opfer angesichts der früheren Gewaltanwendung und der gegebenen Kräfteverhältnisse aus Furcht vor weiteren Gewalttätigkeiten von einer Gegenwehr absieht.[32] Der Täter muss dabei zumindest erkennen und billigen, dass das Opfer sein Verhalten als Drohung mit gegenwärtiger Gefahr für Leib oder Leben empfindet.[33]

Ferner muss er die Gewaltanwendung als eigene gewollt haben[34], und sich der konkludenten Drohung bewusst sein.[35]
Bereits dann, wenn zwischen der Gewaltanwendung und dem späteren Geschlechtsverkehr ein längerer Zeitraum lag, kam nach Ansicht des BGH eine Gleichsetzung von Gewalt und Ausnutzung der Angst vor Gewalt nicht in Betracht.[36]

Gerade bei sich wiederholenden Taten aufgrund „väterlicher" Autorität ist es im übrigen nicht auszuschließen, dass Mittel eingesetzt werden, die nicht den Tatbestand des § 177 I Nr. 2 StGB erfüllen, wie etwa Drohungen mit Zuwendungsentzug oder Heimunterbringung, Ausgeh- oder Fernsehverbote, Erlaubnis, eine Kinoveranstaltung, eine Diskothek, ein Fest zu besuchen, oder Geschenke und sonstige Vergünstigungen.[37]

Zwar wird der Gewaltbegriff auch nach der Reform weiterhin von der Rechtsprechung auf das Teilmerkmal der körperlichen Zwangswirkung beschränkt, und für die Drohungsalternative gilt noch immer die Erheblichkeitsschwelle.

Aber infolge der Einfügung der Ausnutzungsalternative in § 177 I Nr. 3 StGB und der weiten Auslegung des Nötigungsmerkmals in dieser Variante besteht für eine erweiternde Auslegung des Gewalt- bzw. Drohungsbegriffes auch keine zwingende Notwendigkeit mehr.

[32] vgl. BGH NStZ 1986, 409 (Beschl. v. 26.02.1986 – 2 StR 76/86); BGH NStZ 1981, 344 (Urt. v. 02.06.1981 – 1 StR 235/81).
[33] BGH NStZ 1986, 409 (Beschl. v. 26.02.1986 – 2 StR 76/86).
[34] BGH NStZ 1985, 70 (Beschl. v. 02.10.1984 – 4 StR 551/84).
[35] BGH NJW 1996, 2107 (Beschl. v. 27.03.1996 – 3 StR 518/95).
[36] BGH NStZ 1986, 409 (Beschl. v. 26.02.1986 – 2 StR 76/86); BGH NStZ 1996, 349.
[37] BGH NStZ 1996, 350 (Beschl. v. 27.03.1996 – 3 StR 518/95).

3. Verbesserter Strafrechtsschutz für geistig und körperlich behinderten Menschen

Ausweislich der Gesetzesmaterialien wollte der Gesetzgeber neben dem Ziel der Schließung von Strafbarkeitslücken auch einen über § 179 StGB hinausreichenden Strafrechtsschutz geistig und körperlich behinderter Menschen vor erzwungenen sexuellen Übergriffen erreichen.[38]

Denn eine Widerstandsunfähigkeit im Sinne des § 179 StGB a.F. wurde nur in den Fällen angenommen, in denen das Opfer nicht einen zur Abwehr ausreichenden Widerstandswillen bilden, äußern oder betätigen konnte[39], was wiederum nur dann bejaht wurde, wenn das Opfer zu jeglicher Abwehrhaltung gegen den Täter außerstande war.

Da Menschen mit einer geistigen oder körperlichen Behinderung im Regelfall nicht völlig widerstandsunfähig, sondern durch ihre behinderungsbedingten Funktionseinbußen lediglich „eingeschränkt widerstandsfähig" sind, waren sie vor Einführung der Ausnutzungsalternative häufig schutzlos gestellt. Sie fielen infolge der engen Auslegung des Begriffs „Widerstandsunfähigkeit" aus dem Schutzbereich des § 179 StGB a.F. heraus, und eine Verurteilung des Täters gemäß §§ 177, 178 StGB a.F. scheiterte nicht selten daran, dass sie sich auch nicht in einer das Gewaltmerkmal der §§ 177, 178 StGB a.F. erfüllenden Weise wehren konnten.[40]

4. Angleichung an den Strafrechtsschutz der Vermögens- und Eigentumsdelikte

Vor den Reformen 1997 und 1998 wurde das Eigentum in wesentlich größerem Umfang geschützt als die sexuelle Selbstbestimmung.

Dies zeigt bereits ein Blick auf das Gewaltdelikt "Raub", welches den §§ 177, 178 StGB a.F. vergleichbar ist. Für diese Vorschrift existiert ein nach Angriffsarten differenziertes und abgestuftes System von Qualifikations- und Auffangtatbeständen.

Ferner wird das Eigentum sogar dann über den Tatbestand des Diebstahls strafrechtlich geschützt, wenn der Angriff ohne Anwendung von Gewalt oder Drohung „nur" gegen den Willen des Opfers vorgenommen wird, wobei selbst ein Diebstahl geringwertiger Sachen noch gemäß § 248 a StGB strafbar ist.

Darüber hinaus existiert bei den Eigentumsdelikten keine Erheblichkeitsschwelle entsprechend § 184 f StGB.

[38] vgl. BT-Drucks. 13/7663, S. 4; S/S-Lenckner, § 177 StGB, Rdnr. 8.
[39] BGH NStZ 1981, 139 (Beschl. v. 07.01.1981 – 2 StR 619/80).
[40] so auch Mildenberger, S. 78, 79.

Schließlich wurden bei §§ 177, 178 StGB a.F. die aus dem „engen Gewaltbegriff" folgenden Strafbarkeitslücken anders als bei den Vermögens- und Eigentumsdelikten nicht über die Figur der konkludenten Drohung geschlossen, sondern es wurden stets Anhaltspunkte für einen körperlich wirkenden Zwang verlangt, wie z.B. körperliche Misshandlung durch den Täter kurz vor dem Sexualkontakt.

Bei den Vermögens- und Eigentumsdelikten wurde hingegen von der Rechtsprechung ein anderer Maßstab angesetzt, wie der am 17.03.1955 vom BGH entschiedene Fall[41] deutlich zeigt, bei welchem zwei Täter das Opfer an eine einsame, abgelegene Stelle geführt und dort zur Herausgabe des Geldes aufgefordert hatten.
Der BGH führte in diesem Zusammenhang aus, dass es grundsätzlich nicht genüge, wenn das Opfer lediglich eine Gefährdung erwarte. Da sich der Vorgang in diesem Fall zur Nachtzeit an einem verlassenen Ort abspielte, habe der Täter aber durch die Aufforderung zur Herausgabe des Geldes konkludent damit gedroht, er werde das Opfer im Falle der Weigerung körperlich misshandeln.

Da der Eigentumsschutz keinen höheren verfassungsrechtlichen Schutz genießt, als das vom Kernbereich des Persönlichkeitsrechts erfasste und über Art. 2 I GG anerkannte Recht auf sexuelle Selbstbestimmung, war diese Differenzierung unverständlich und insbesondere auch mit dem Grundgesetz nicht zu vereinbaren.[42]

II. Anwendungsbereich des § 177 I Nr. 3 StGB

Eine sexuelle Nötigung gemäß § 177 I Nr. 3 StGB liegt vor, wenn der Angriff des Täters gegen den Willen des Opfers unter Ausnutzung einer Lage erfolgt, in der es dem Täter keinen Widerstand entgegensetzen kann, der Täter dies weiß und sich gerade wegen der eingeschränkten Widerstandsfähigkeit über den entgegenstehenden Willen des Opfers hinwegsetzt.

Die folgenden Fälle, die aufgrund der engen Auslegung der beiden Nötigungsmittel „Gewalt" und „Drohung mit gegenwärtiger Gefahr für Leib oder Leben" bisher nicht nach §§ 177, 178 StGB a.F. bestraft werden konnten, werden nun von der „Ausnutzungsalternative" des § 177 I Nr. 3 StGB erfasst.

[41] BGHSt 7, 252, 253 (Urt. v. 17.03.1955 – 4 StR 8/55).
[42] vgl. Sick, S. 349.

1. Fälle, in denen das Opfer „starr vor Schrecken oder aus Angst vor der Anwendung von Gewalt durch den Täter" dessen sexuelle Handlungen über sich ergehen lässt

Solche Fälle wurden vor der Reform in der Regel nicht unter §§ 177, 178 StGB a.F. subsumiert, weil weder das Tatbestandsmerkmal „Gewalt" noch das Tatbestandsmerkmal „Drohung mit gegenwärtiger Gefahr für Leib oder Leben" erfüllt war.

Denn in den Fällen eines „starr vor Schrecken oder aus Angst" auf körperlichen Widerstand verzichtenden Opfers fehlte es an der für das Merkmal „Gewalt" erforderlichen körperlichen Zwangswirkung.

Auch die Klärung der Frage, ob das Verhalten des Täters als konkludente Drohung mit Angriffen auf Leib oder Leben des Opfers gewertet werden kann, hing von den Umständen des Einzelfalls ab.[43]

Die infolge dessen aufgetretene Strafbarkeitslücke war zu schließen.

Denn die Fälle, in denen das Opfer starr vor Schrecken oder aus Angst auf Widerstand verzichtet erscheinen in gleicher Weise strafwürdig, wie ein vom BGH am 09.09.1997 entschiedener Fall[44] eindrucksvoll belegt.

In diesem Fall hatte sich ein noch nicht 14 jähriges Mädchen während der Taten aus Angst nicht vehement gewehrt.

Nach Ansicht des BGH war § 177 I StGB a.F. nicht anwendbar, da nicht ersichtlich sei, durch welche Verhaltensweise der Angeklagte die Tatbestandsmerkmale der Nötigung zum Beischlaf „mit Gewalt" oder „durch Drohung mit gegenwärtiger Gefahr für Leib oder Leben" im Sinne des § 177 I StGB a.F. erfüllt habe.

Nicht ausreichend hierfür sei, dass der Angeklagte das Kind „an die Wand drückte und dann verlangte, dass es ihm in den Versammlungsraum folgen sollte". Denn ein kurzfristiges Festhalten des Mädchens stelle noch keine Gewalt im Sinne des § 177 I StGB dar.

Auch ein Urteil des BGH vom 08.05.2001[45] zeigt deutlich die bisher bestandene Strafbarkeitslücke bei sog. „Angstopfern" auf. Zugrunde lag der Entscheidung der folgende Sachverhalt:

[43] BT-Drucks. 13/7324, S. 4.
[44] BGH NStZ-RR 1998, 103.
[45] BGH (Urt. v. 08.05.2001 - 4 StR 58/01) in: Pfister, NStZ-RR 2001, 354.

Der damals 71-jährige Täter holte im Februar 1997 M und A mit seinem Wohnmobil von einem Wohnheim für geistig behinderte Menschen, in dem beide lebten, ab und fuhr mit ihnen zu einem einsam an einem See gelegenen Parkplatz. Nachdem A auf Verlangen des Täters das Wohnmobil verlassen hatte, forderte er M „in energischem Ton“ auf, Hose und Schlüpfer auszuziehen. Sie wollte dies zwar nicht, „traute sich jedoch aus Angst vor Schlägen des Täters“ nicht, ihm Widerstand entgegenzusetzen. Außerdem war sie „ohnehin auf Grund ihrer geistigen Behinderung, insbesondere angesichts der für sie aussichtslosen Situation auf dem abgelegenen Parkplatz und in dem Wohnmobil, unfähig zu einem Widerstand gegenüber dem Täter“. Sie kam daher seinem Verlangen nach. Anschließend führte der Täter mit M, die mehrfach laut um Hilfe rief, den Oral- und den Geschlechtsverkehr durch. Unmittelbar danach schickte der Täter die weinende M aus dem Wohnmobil und forderte nunmehr A auf, in das Wohnmobil zu kommen. Obwohl diese zuvor die Hilfeschreie der M gehört hatte und deswegen sehr verängstigt war, folgte sie der Aufforderung, „da sie auf Grund der auch bei ihr bestehenden geistigen Behinderung und angesichts der konkreten Situation auf dem abgelegenen und einsamen Parkplatz und der dominanten Art des Täters sich psychisch nicht zu einem Widerstand in der Lage sah“. Im Innenraum des Wohnmobils verlangte der Täter von A, dass sie sich Hose und Schlüpfer ausziehe und drohte, "ihr ansonsten eine zu knallen". Daraufhin folgte sie der Aufforderung des Täters, der im weiteren an ihr sexuelle Handlungen vornahm.

Nach Ansicht des BGH hat sich der Täter in diesem Fall nicht wegen Vergewaltigung bzw. sexueller Nötigung gemäß §§ 177, 178 StGB a.F. strafbar gemacht.
Denn in Bezug auf das Tatgeschehen zum Nachteil von M sei bereits eine Drohung des Täters nicht belegt. Soweit es in den Urteilsgründen heißt, dass die Geschädigte „aus Angst vor Schlägen“ keinen Widerstand leistete, könnten zwar auch vorausgegangene Misshandlungen eine fortwirkende Rolle spielen und die Annahme einer Drohung im Sinne der §§ 177, 178 StGB a.F. rechtfertigen. Jedoch sei aus den bisherigen Feststellungen nicht ersichtlich, dass etwa der Täter die Geschädigte bereits bei einer der früheren gemeinsamen Fahrten bedroht oder körperlich misshandelt habe.

Auch die zum Nachteil der A getroffenen Feststellungen tragen nach Ansicht des BGH nicht die Annahme einer Drohung im Sinne der §§ 177, 178 StGB a.F., da dies eine qualifizierte Drohung mit einer Gefahr für Leib oder Leben des Opfers voraussetze, und daher nicht jede Drohung mit einer Körperverletzung genüge.

2. Fälle, in denen das Opfer durch ein „Klima der Gewalt“ eingeschüchtert dem Willen des Täters nachgibt.

Von dieser Fallgruppe werden insbesondere Fälle erfasst, in denen das Opfer aufgrund vorangegangener oder früherer Gewaltanwendungen des Täters bereits Misshandlungs- und Gewalterfahrungen hat.

Auch in diesen Fällen ist unter Umständen weder das Tatbestandsmerkmal „Gewalt“, noch das Tatbestandsmerkmal „Drohung mit gegenwärtiger Gefahr für Leib oder Leben“ erfüllt.

Zwar können vorausgegangene Misshandlungen eine fortwirkende Rolle spielen und die Annahme einer Drohung im Sinne der §§ 177, 178 StGB a.F. rechtfertigen. Dies wurde aber von der Rechtsprechung nur unter ganz engen Voraussetzungen angenommen. Für Fälle, in denen der Täter die Gewalt nicht zur Vornahme der sexuellen Handlungen verübte, sondern hierfür einen neuen Entschluss fasste bestanden Strafbarkeitslücken.

So verneinte der BGH in einem am 15.03.1984 entschiedenen Fall[46], in dem der Angeklagte das Opfer zunächst verprügelte, anschließend in der Wohnung herumtobte und sich eine Stunde später entschloss, mit dem Opfer den Geschlechtsverkehr durchzuführen, wogegen sich das völlig verängstigte Opfer nicht mehr wehrte, das Vorliegen einer finalen Verknüpfung.

Denn die Gewaltanwendung hätte in diesem Fall nicht der Vornahme der sexuellen Handlungen gedient, sondern diese seien erst später auf Grund eines neuen Entschlusses vom Täter durchgeführt worden.

Auch in dem vom BGH am 27.03.1996 entschiedenen Fall[47] hatte der Angeklagte das Opfer durch Schläge und Drohungen in anderem Zusammenhang derart eingeschüchtert, dass dieses eine Gegenwehr gegen die späteren sexuellen Handlungen aus Angst vor körperlicher Beeinträchtigung unterließ.

Der BGH führte in diesem Zusammenhang aus, früher angewandte Gewalt könne zwar als Drohung im Sinne des § 177 StGB fortwirken und dazu führen, dass das Opfer nur aus Furcht vor weiterer Gewalt keinen nennenswerten Widerstand mehr leistet. Die Gleichsetzung von Gewalt und Ausnutzen der Angst vor Gewalt komme aber nicht in Betracht, wenn zwischen der Gewaltanwendung und dem späteren Geschlechtsverkehr ein längerer Zeitraum liege.
Im übrigen setze auch die konkludente Drohung durch Ausnutzung der Angst vor Gewalt eine finale Verknüpfung mit der sexuellen Handlung voraus.

Eine Vergewaltigung kam also nicht in Betracht, wenn der Täter die Einschüchterung des Opfers zum Geschlechtsverkehr ausnutzte, ohne dass die Gewaltanwendung noch fortdauerte, da die ursprüngliche Gewalt dann nicht mehr spezifisch mit dem Nötigungserfolg verknüpft war.

3. Fälle, in denen das Opfer aufgrund der Nutzlosigkeit von Widerstand keine Gegenwehr leistet

Diese Fallgruppe umfasst insbesondere die in der Praxis häufigen Fälle, in denen der Täter das Opfer an einen Ort verbringt, an dem es fremde Hilfe nicht erwarten kann,

[46] BGH StV 1984, 330, 331 (Beschl. v. 15.03.1984 – 1 StR 72/84).
[47] BGH NStZ 1996, 349 (Beschl. v. 27.03.1996 – 3 StR 518/95).

dem körperlich überlegenen Täter ausgeliefert ist und angesichts seiner hilflosen Lage eine Verteidigung für sinnlos hält.[48]

Bisher konnten solche Fälle nicht nach §§ 177, 178 StGB a.F. bestraft werden, wie die folgende Entscheidung des BGH vom 01.07.1981[49] zeigt:

> Der Angeklagte hatte seinen Lieferwagen in einem Waldweg so abgestellt, dass die Geschädigte die Beifahrertür nicht öffnen konnte. Nachdem er ihr sagte, es sei sinnlos, sich weiter zu wehren, da er ohnehin stärker sei und sie aus dem Auto auch nicht mehr herauskomme, entkleidete sie auf sein Verlangen ihren Unterkörper. Nachdem die Geschädigte auf die Ladefläche geklettert war und sich dort auf den Rücken gelegt hatte, kniete er sich über sie und verkehrte mit ihr.

Der BGH entschied, dass das bloße Fahren zu einer abgelegenen Stelle, an der die mitgeführte Frau Hilfe nicht erwarten kann, nicht ohne weiteres Gewaltanwendung im Sinne des § 177 StGB a.F. sei. Ob in der Art eines solchen Vorgehens eine tatbestandsmäßige Nötigung mit Gewalt zu sehen ist, hänge vielmehr davon ab, ob im Einzelfall auf Grund des gesamten Verhaltens des Täters und der durch ihn für die Frau geschaffenen Lage die in § 177 StGB a.F. vorausgesetzte körperlich wirkende Zwangssituation für die Frau eintritt und von ihr als solche empfunden wird.

Auch der folgende Sachverhalt wurde nicht unter die §§ 177, 178 StGB a.F. gefasst.

> Der Täter drängte das Opfer mit den Worten „ich habe Lust, mach dich fertig" vom Bad in einen Nebenraum, stellte sich so vor die Türe, dass es den Raum nicht verlassen konnte und forderte es auf, sich auszuziehen. Da das Opfer weiteren Widerstand für sinnlos hielt, duldete es den Versuch des Täters, mit ihm geschlechtlich zu verkehren.

Nach Ansicht des BGH[50] sei in dem Vorgehen des Täter weder die Anwendung von Gewalt, noch eine Drohung zu sehen, so dass kein Nötigungsmittel im Sinne des § 177 StGB a.F vorliege. Insbesondere sei nach den Umständen klar gewesen, dass ein über längere Zeit dauerndes „Einschließen" der Geschädigten nicht in Betracht kam. Auch hätte das Opfer mit der Möglichkeit rechnen dürfen, Hilfe herbeirufen zu können.

[48] vgl. BT-Drucks. 13/2463, S. 6.
[49] BGH NStZ 1981, 390 (Urt. v. 01.07.1981 – 3 StR 151/81).
[50] BGH StV 1981, 543 (Urt. v. 01.07.1981 – 3 StR 151/81).

4. Fälle, in denen das Opfer körperlich zur Gegenwehr nicht in der Lage ist

Schließlich erfasst die „Ausnutzungsalternative" auch die bisher nicht unter §§ 177, 178 StGB a.F. subsumierbaren Fälle, in denen dem Opfer eine Gegenwehr körperlich nicht möglich ist.

Hierunter fallen die sogenannten Gruppenvergewaltigungen, insbesondere die Vergewaltigung nach einer Vergewaltigung, bei welcher der Täter die Gewaltanwendung eines anderen ausnützt.
Dies veranschaulicht eindrucksvoll die Entscheidung des BGH vom 11.07.1985[51], welcher der folgende Sachverhalt zugrunde lag:

> Der Angeklagte hat mit einer Frau, die zuvor bereits von zwei Männern unter Gewaltanwendung vergewaltigt wurde und erschöpft, teilnahmslos und apathisch dalag den Geschlechtsverkehr ausgeführt, nachdem er zuvor die rein rhetorische Frage stellte, ob er auch mal mit ihr schlafen könne. Dabei war ihm allerdings klar, dass die Frau nicht freiwillig zustimmen würde, sondern vielmehr wie erwartet gar nicht reagierte. Zum Spreizen ihrer Beine bedurfte der Täter keines nennenswerten Kraftaufwandes, da die Frau zur Gegenwehr nicht mehr in der Lage war.

Der BGH lehnte eine Verurteilung wegen Vergewaltigung nach § 177 StGB a.F. ab, da sich aus den Feststellungen des Landgerichts keine Gewaltanwendung ergab.

Aber auch Fälle wie der folgende vom BGH am 11.01.1996 entschiedene Fall[52] sind nun in diese Fallgruppe einzuordnen:

> Der Angeklagte veranlasste die 10jährige M zu einem mehrstündigen Waldlauf, wonach diese wegen völliger körperlicher Erschöpfung seinem Drängen nach Geschlechtsverkehr nachgab.

Zwar bejahte der BGH eine Gewaltanwendung durch den Angeklagten aufgrund des kindlichen Alters des Opfers. Die Auslegung des Gewaltbegriffes anhand der Konstitution des Opfers überzeugt jedoch nicht.
Anstelle der Anwendung eines unklaren Gewaltbegriffes lässt sich dieser Fall nun zwanglos unter § 177 I Nr. 3 StGB subsumieren.

Darüber hinaus werden von dieser Fallgruppe nach umstrittener Ansicht schlafende und bewusstlose Opfer erfasst, an denen der Täter sexuelle Handlungen vornimmt,

[51] BGH NStZ 1985, 70 (4 StR 307/85).
[52] BGH NStZ 1996, 276 (Beschl. v. 11.01.1996 – 5 StR 651/95).

wenn im Einzelfall klare Indikatoren für einen entgegenstehenden Willen vorhanden sind.[53]

5. Nicht von § 177 I Nr. 3 StGB erfasste Fälle

Auch nach Einführung des § 177 I Nr. 3 StGB werden aber Fallgruppen, in denen sich das Opfer freiwillig für den Sexualkontakt entscheidet, nicht von der Vorschrift erfasst. Dies gilt unabhängig davon, welche Gründe der Entscheidung für den Geschlechtsverkehr zugrunde liegen. Denn in diesen Fällen handelt der Täter nicht gegen den Willen des Opfers, auch wenn er die Bereitschaft des Opfers zum Geschlechtsverkehr durch Täuschung oder infolge Überredung erreicht hat.[54]

Auch die Drohung mit Nachteilen, deren Verwirklichung erst nach Beendigung der schutzlosen Lage eintreten soll, genügt nicht.[55]
Denn ein Opfer, das sich nach rationaler Abwägung der Vor- und Nachteile für einen einvernehmlichen Sexualkontakt entscheidet, bedarf nicht des Schutzes des § 177 I Nr. 3 StGB.[56] In diesen Fällen ist der Strafrahmen des § 240 IV 2 Nr. 1 StGB ausreichend.

So hob der BGH in einer neueren Entscheidung vom 27.03.2003[57] ein Urteil des Landgerichts wegen Vergewaltigung gemäß § 177 StGB auf, da der Täter dem Opfer lediglich gedroht hatte, er mache im Falle ihrer Weigerung den Oralverkehr auszuführen „ihre Ehe kaputt".
Zur Begründung führte der BGH aus, dass mit § 177 I Nr. 3 StGB nur die Fälle erfasst werden sollen, in denen zwar weder Gewalt ausgeübt noch mit gegenwärtiger Gefahr für Leib oder Leben des Opfers gedroht wird, dieses die Tat aber aus Angst vor Körperverletzungs- oder gar Tötungshandlungen des Täters über sich ergehen lässt, weil es sich in einer hilflosen Lage befindet und ihm Widerstand gegen den überlegenen Täter aussichtslos erscheint.

Die Angst des Opfers vor der „Zerstörung seiner Ehe" durch den Täter sei hingegen nicht geeignet, eine schutzlose Lage im Sinne von § 177 I Nr. 3 StGB zu schaffen.
Diese einengende Auslegung trage der Entstehungsgeschichte und der Systematik der Norm Rechnung. Demgegenüber würde eine Auslegung des Tatbestandsmerkmals "Ausnutzens einer schutzlosen Lage" dahin, dass es auch Fälle erfasst, in denen der Verzicht auf möglichen Widerstand, allein darauf beruht, dass das Opfer Nachteile nichtkörperlicher Art befürchtet, § 177 StGB die innere Stimmigkeit neh-

[53] str., so auch Oberlies, ZStW 2002, 131 ff; a.A. BGH NStZ 2000, 140; T/F-Fischer, 51. Aufl., § 179 StGB, Rdnr. 9 a.
[54] so auch Fischer, ZStW 112, 85.
[55] T/F-Fischer, 52. Aufl., § 177 StGB, Rdnr. 42.
[56] NK-StGB-Frommel, § 177 StGB, Rdnr. 41.
[57] BGH NStZ 2003, 533 f (Urt. v. 27.03.2003 – 3 StR 446/02).

men und Handlungen unterschiedlichsten Unrechtsgehalts mit derselben Strafe bedrohen.[58]

In den Fällen, in denen das Opfer lediglich Nachteile nichtkörperlicher Art befürchtet, wie z.B. Verlassenwerden vom Partner, Kündigung vom Arbeitgeber, Angst vor Blamage, Verlust bestimmter Vorteile, und damit allein aus rationalen Gründen unfähig ist, Widerstand zu leisten, ist der Anwendungsbereich des § 177 I Nr. 3 StGB also nicht eröffnet.[59]

Denn wie der BGH bereits am 22.07.1969 in anderem Zusammenhang in seiner Entscheidung "Fanny Hill"[60] ausführte, hat das Strafrecht nicht die Aufgabe, "auf geschlechtlichem Gebiet einen moralischen Standard des erwachsenen Bürgers durchzusetzen, sondern es hat die Sozialordnung der Gemeinschaft vor Störungen und groben Belästigungen zu schützen."

Die Einschränkung des § 177 I Nr. 3 StGB auf eine unmittelbar körperbezogene Rechtsgutsverletzung ist auch im Hinblick darauf sinnvoll, dass die übrigen Fälle durch den Vergehenstatbestand des § 240 IV 2 Nr. 1 StGB erfasst und damit tat- und schuldangemessen bestraft werden können.

Zweifelhaft ist, ob die Fälle des sogenannten überraschenden Sexualangriffs, die bisher nicht unter den Tatbestand des § 178 StGB a.F. subsumiert wurden, nun unter § 177 I Nr. 3 StGB fallen.

In einem vom BGH am 02.06.1982 entschiedenen Fall[61] hatte sich der Täter jeweils einzelnen Fußgängerinnen genähert und ihnen mit der Faust in den Unterleib, auf das Gesäß oder auf die Brust geschlagen. Unmittelbar nachdem das jeweilige Opfer zu schreien anfing, entfernte sich der Täter.

Da der sexuelle Kontakt in diesen Fällen nicht durch vorausgegangene Gewaltanwendung, sondern durch Überraschung des Opfers zustande kam, konnte das Opfer keinen Abwehrwillen bilden.

Die Gewaltanwendung könne aber nach Ansicht des BGH nur bei bestehendem Abwehrwillen des Opfers der Willensbeugung dienen, ansonsten diene sie lediglich der Lustbefriedigung.

Diese Ansicht vertrat der BGH auch in seinem Beschluss vom 17.09.1992, in dem der Täter sich dem Opfer plötzlich mit entblößtem Geschlechtsteil zuwandte und ihm mit einem heftigen Ruck die Kleider vom Leib riss.

[58] BGH NStZ 2003, 534.

[59] so auch Laubenthal, JZ 1999, 584 (Anm. zu BGH 1 StR 521/98); Möllers, Wörterbuch der Polizei, S. 1447.

[60] BGHSt 23, 40-46 (Urt. "Fanny Hill" v. 22.07.1969 – 1 StR 456/68 zur Frage der Unzüchtigkeit einer Schrift).

[61] BGH JR 1983, 158, 159 (Urt. v. 02.06.1982 – 2 StR 669/81).

Der Täter habe sich hierdurch nicht der sexuellen Nötigung strafbar gemacht, da diese voraussetze, dass das Tatopfer das sexuelle Ansinnen erkannt und einen entgegenstehenden Willen gebildet hat. Diese Voraussetzung fehle aber in Fällen, in denen der Täter die sexualbezogene Handlung so überraschend vornimmt, dass die Angegriffene einen Abwehrwillen nicht bilden kann.[62]

Da das Opfer aufgrund des Überraschungsmoments keinen aktuellen entgegenstehenden Willen hatte, fehlt es also nach der derzeit herrschenden Meinung an dem Tatbestandsmerkmal der Nötigung.

Bejaht man hingegen einen generellen Willen des Opfers, von sexuellen Kontakten verschont zu bleiben, so könnte der Täter nach § 177 I Nr. 3 StGB bestraft werden.

III. Einwände gegen die Ausnutzungsvariante des § 177 I Nr. 3 StGB

Trotz der gewichtigen Gründe für die Einführung des § 177 I Nr. 3 StGB wurde an der 1997 eingefügten Ausnutzungsvariante insbesondere von der Kommentarliteratur zunächst überwiegend Kritik geübt.

1. Fehlender Anwendungsbereich

Zum einen wurde in Frage gestellt, ob § 177 I Nr. 3 StGB überhaupt einen eigenen Anwendungsbereich neben den beiden anderen Alternativen des § 177 I StGB hat.

So polemisierte insbesondere Fischer, dass die Fallkonstellationen, die der Konzeption des Tatbestandes des § 177 I Nr. 3 StGB zugrunde lagen, ebenso unter § 177 I Nr. 1 StGB oder § 177 I Nr. 2 StGB subsumiert werden könnten.[63]

Denn wenn dem Täter die vom Opfer empfundene Zwangslage bekannt ist oder wird und er sich diese durch sein Verhalten zu eigen macht, so liege kein bloßes Ausnutzen, sondern in Wahrheit eine Drohung mit gegenwärtiger Gefahr für Leib oder Leben im Sinne des § 177 I Nr. 2 StGB vor. Nützt der Täter hingegen eine vom Opfer irrtümlich empfundene Drohungshandlung nur aus, so könne ihm keine „Nötigung", sondern allenfalls der Missbrauch einer fehlerhaften Zustimmung vorgeworfen werden.[64]

[62] BGH, NStZ 1993, 78.

[63] Fischer, ZStW 112, 104; so auch Lenckner, NJW 1997, 2802, nach dessen Ansicht der Fall des starr und gelähmt vor Schreck zum Widerstand unfähigen Opfers auch über die Konstruktion der konkludenten Drohung gelöst werden könnte.

[64] Fischer, ZStW 112, 99.

Eine „Nötigung durch Ausnutzung“, könne es somit nicht geben, wenn nicht die Grenzen des Tatbestandes dem Zufall, der moralischen Bewertung und der Willkür geöffnet werden sollen.[65]

Die Kritik eines fehlenden Anwendungsbereichs für § 177 I Nr. 3 StGB ist jedoch im Hinblick darauf unberechtigt, dass die Gewalt- und die Drohungsalternative von der Rechtsprechung gerade nicht weit, sondern sehr restriktiv ausgelegt wurde. Infolge dessen bestanden Strafbarkeitslücken in den bereits dargestellten Fällen, die durch Einführung der Ausnutzungsvariante geschlossen werden konnten.

2. Fehlende Strafwürdigkeit der von § 177 I Nr. 3 StGB erfassten Fälle

Vereinzelt wurde darüber hinaus sogar die Ansicht vertreten, die durch § 177 I Nr. 3 StGB neu geregelten Fälle seien nicht strafwürdig.

Wenn das Opfer lediglich das Gefühl hat, das Leisten von psychischem Widerstand sei aussichtslos, dieses Gefühl aber nicht durch vorangegangene Gewalteinwirkung des Täters ausgelöst wurde, so liege nach dieser Ansicht keine Nötigung vor, sondern es handele sich lediglich um eine Abwägung des Opfers.[66]

Übt der Täter also keinen nötigenden Druck aus, und will er dies auch nicht, so bleibe als Unrechtskern allein die Ausnutzung eines Irrtums, worin keine Zwangshandlung gesehen werden könne.[67]

Dem ist jedoch entgegenzusetzen, dass ein Täter, der sexuelle Handlungen „unter Ausnutzung einer Lage, in der das Opfer der Einwirkung des Täters schutzlos ausgeliefert ist“ vornimmt, mit einer vergleichbaren kriminellen Energie handelt wie einer, der die sexuellen Handlungen „mit Gewalt“ oder „durch Drohung mit gegenwärtiger Gefahr für Leib oder Leben“ im Sinne der § 177 I Nr. 1 und 2 StGB vornimmt.
Denn in den Fällen des § 177 I Nr. 3 StGB wählt der Täter ein besonders schutzbedürftiges Opfer aus, welches sich infolge seiner eingeschränkten Selbstschutzmöglichkeiten nicht körperlich zur Wehr setzen kann.

3. Unrechtsunterschied zu den anderen Nötigungsmitteln

Ferner wurde kritisiert, dass eine Gleichsetzung der Ausnutzung einer schutzlosen Lage mit Gewalt und Drohung im Hinblick auf das Strafmaß nicht gerechtfertigt sei.

[65] Fischer, ZStW 112, 104.
[66] Fischer, ZStW 112, 97.
[67] T/F-Fischer, 51. Aufl., § 177 StGB, Rdnr. 16.

So hat Renzikowski Zweifel daran, ob nicht zwischen dem Ausnutzen einer schutzlosen Lage und der Anwendung von Gewalt ein derartiger Unrechtsunterschied besteht, dass für diesen Fall ein eigener Tatbestand, gegebenenfalls in Anlehnung an § 179 StGB die bessere Alternative gewesen wäre.[68]

Auch Schroeder empfindet den Tatbestand insofern zu weit, als er nicht mehr zwischen der Herbeiführung von Zuständen und ihrer bloßen Ausnutzung unterscheidet.[69] Darüber hinaus sei das Opfer bereits bei jedem Ausflug ins Grüne und bei jedem Rendezvous in einer Wohnung „der Einwirkung des Täters schutzlos ausgeliefert", so dass zur Begründung der Strafbarkeit allein das Merkmal der „Ausnutzung" entscheidend sei.[70]

Diese Kritik ist aber nicht berechtigt, da zur Beurteilung des kriminellen Gehalts einer Handlung neben dem Handlungsunwert auch der Erfolgsunwert maßgeblich ist, der bei § 177 I Nr. 3 StGB darin zu sehen ist, dass eine besonders schutzwürdige Person zum Sexualobjekt herabgewürdigt wird.

4. Abgrenzungsprobleme im Verhältnis zu § 179 StGB

Schließlich wird vorgebracht, dass mit der Einführung des § 177 I Nr. 3 StGB die Grenzen zu § 179 StGB verwischt seien.

In diesem Zusammenhang führt Perron[71] aus, statt einer der sexuellen Nötigung und Vergewaltigung vom Strafmaß gleichgestellten, verschärften Form des sexuellen Missbrauchs sei eine neue, bislang im System des StGB nicht bekannte Modalität der sexuellen Nötigung geschaffen worden, über deren Reichweite und Verhältnis insbesondere zu § 179 StGB man sich schon im Gesetzgebungsverfahren nicht im Klaren war.[72] Dabei wurde nach Ansicht Perrons verkannt, dass der Begriff „Nötigung" eine selbständige, über die bloße Ausnutzung einer schutzlosen Lage hinausreichende Bedeutung hat und den Anwendungsbereich von § 177 I Nr. 3 StGB deshalb sowohl gegenüber § 179 StGB als auch gegenüber dem seiner Ansicht nach zu Unrecht für obsolet gehaltenen § 237 StGB a.F.[73] erheblich einschränke.[74]

Fischer polemisierte, wenn alle Fälle der Widerstandsunfähigkeit im Sinne des § 179 StGB zugleich als solche der Schutzlosigkeit nach § 177 I Nr. 3 StGB auszulegen

[68] Renzikowski, NStZ 1999, 378.
[69] Schroeder, JZ 1999, 829.
[70] Schroeder, BGH-Festgabe 2000, 491.
[71] S/S-Lenckner/Perron, § 177 StGB, Rdnr. 8
[72] vgl. BT-Drucks. 13/7663, S. 4.
[73] vgl. BT-Drucks. 13/7324, S. 6.
[74] S/S-Lenckner/Perron, § 177 StGB, Rdnr. 8.

seien, die „Ausnutzungsvariante“ aber noch weitere Fallgruppen umfasst, so bedeute dies, dass das speziellere Delikt nur als Vergehen, das allgemeinere hingegen als Verbrechen ausgestaltet sei und § 179 StGB damit obsolet wäre.

Selbst wenn man aber annehme, dass einige Fälle verblieben, die nur von § 179 StGB und nicht zugleich von § 177 I Nr. 3 StGB erfasst werden, so wäre dennoch der Großteil seiner bisherigen Anwendungsfälle zu Verbrechen nach § 177 StGB heraufgestuft.

In jedem Fall hätte es daher nach Ansicht Fischers einer Begründung für die Hochstufung bedurft, da insbesondere für die in § 179 StGB schon geregelten Fälle eine „Strafbarkeitslücke“ gerade nicht bestand.[75]

Tatsächlich besteht nach Einführung der Ausnutzungsalternative noch ein ausreichender Anwendungsbereich für § 179 StGB, namentlich in den Fällen, in welchen sexuelle Handlungen einvernehmlich vorgenommen wurden, das Opfer jedoch nicht wirksam zustimmen konnte, sowie in den Fällen, in denen das Opfer nicht zur Bildung eines eigenen Willens im Stande ist.

Darüber hinaus ist auch eine sinnvolle Abgrenzung der beiden Vorschriften möglich, wie die nachfolgenden Ausführungen zeigen werden.

IV. Definitionen

Nach § 177 I Nr. 3 StGB begeht der Täter eine sexuelle Nötigung, wenn sein Angriff gegen den Willen des Opfers unter Ausnutzung einer Lage erfolgt, in der das Opfer dem Täter keinen Widerstand entgegensetzen kann und dies dem Täter subjektiv zugerechnet werden kann, weil er dies weiß und sich gerade wegen der herabgesetzten Widerstandsfähigkeit über den entgegenstehenden Willen des Opfers hinwegsetzt.[76]

§ 177 I Alt. 3 StGB setzt also tatbestandlich eine Lage des Opfers voraus, in der es der Einwirkung des Täters schutzlos ausgeliefert ist, sowie ein Nötigen zu sexuellen Handlungen durch den Täter unter Ausnutzung dieser Lage, ferner ein vorsätzliches Handeln des Täters.

[75] Fischer, ZStW 112, 94, 95, 96.
[76] NK-StGB-Frommel, § 177 StGB, Rdnr. 30.

1. Ausnutzen einer Lage, in der das Opfer der Einwirkung des Täters schutzlos aus geliefert ist

a. Die „schutzlose Lage“ in Abgrenzung zur „hilflosen Lage“ im Sinne des § 237 StGB a.F.

Die Voraussetzung „schutzlose Lage" findet sich in keinem weiteren Straftatbestand. Fraglich ist bei der Auslegung, wie dieser Begriff von der in den §§ 221, 234 StGB, 237 StGB a.F. vorausgesetzten „hilflosen“ Lage abzugrenzen ist.

Bei einem Vergleich des § 177 I Nr. 3 StGB mit der Aussetzung gemäß § 221 StGB und dem Menschenraub gemäß § 234 StGB wird deutlich, dass das Tatbestandsmerkmal „hilflose Lage“ bei diesen Tatbeständen in einem anderen Zusammenhang steht und infolge dessen für die Auslegung des Tatbestandsmerkmals "schutzlose Lage" in § 177 I Nr. 3 StGB nicht unmittelbar von Bedeutung ist.

Denn eine „hilflose Lage“ im Sinne der §§ 221 I Nr. 1, 234 I StGB liegt nach herrschender Meinung vor, wenn das Opfer sich selbst gegen eine Lebens- oder qualifizierte Leibesgefahr nicht schützen kann, wobei unerheblich ist, ob die Hilflosigkeit verschuldet oder unverschuldet, dauernd oder nur vorübergehend ist.[77]
In den von §§ 221, 234 StGB erfassten Fällen geht es also um eine Lebens- oder schwere Leibesgefahr des Opfers, wohingegen § 177 StGB die Verletzung des sexuellen Selbstbestimmungsrechts regelt.[78]

Nach richtiger Ansicht kann für die Bestimmung der Anforderungen, die an das Vorliegen einer schutzlosen Lage im Sinne des § 177 I Nr. 3 StGB zu stellen sind, aber auf die Auslegung des Begriffs “hilflose Lage” in § 237 StGB a.F. zurückgegriffen werden.[79]
Eine hilflose Lage im Sinne des § 237 StGB a.F. war nach herrschender Meinung eine Lage, in der sich die Frau dem Täter alleine gegenüber sah und ihre Schutz- und Verteidigungsmöglichkeiten derart verringert sind, dass sie sich nach Ort und Umständen, sowie ihrer persönlichen Verfassung dem ungehemmten Einfluss des Täters nicht entziehen konnte und auch fremde Hilfe nicht rechtzeitig oder nicht ohne großes Risiko für sich selbst erlangen konnte.[80]

[77] S/S-Eser, § 221 StGB, Rdnr. 2.
[78] Mildenberger, S. 54, 55.
[79] so auch SK-Horn/Wolters, § 177 StGB, Rdnr. 13 b; BGHSt 44, 228, 231, 232, wonach der Begriff der schutzlosen Lage jedenfalls dann nicht enger ausgelegt werden braucht als der der hilflosen Lage, wenn der Täter neben dem Ausnutzen der hilflosen Lage auch die Entführungs komponente des § 237 StGB a.F. verwirklicht hätte, was nach Ansicht des BGH jedenfalls dann der Fall ist, wenn der Täter das Opfer mit einem Fahrzeug an einen anderen Ort bringt; BGHSt 45, 253, 255.
[80] BGHSt 22, 178; 24, 90; D/T-Tröndle, 47. Aufl., § 237 StGB, Rdnr. 5.

Insbesondere Fälle, in denen eine Frau mit einem Fahrzeug an einen anderen Ort gebracht wurde und durch die Aufenthaltsveränderung wesentlich in ihrer Fähigkeit beeinträchtigt war, sich dem ihr unerwünschten Einfluss des Täters aus eigener Kraft oder mit fremder Hilfe zu entziehen, wurden von § 237 StGB a.F. erfasst.

Dabei wurde eine „hilflose Lage" nicht erst dann angenommen, wenn objektiv keine Verteidigungs- oder Ausweichmöglichkeiten gegeben waren, sondern bereits dann, wenn die Schutz- und Verteidigungsmöglichkeiten des Opfers in einem Maße vermindert waren, dass es dem ungehemmten Einfluss des Täters preisgegeben war.[81]

Dies wurde angenommen, wenn der Widerstand des Opfers ohne Sinn und Erfolgsaussicht war oder das Opfer durch die vorangegangene Behandlung so erschöpft und eingeschüchtert war, dass es den Mut und die Fähigkeit verloren hat, durch Schreien und deutliche Gegenwehr die in der Nähe befindlichen Personen auf sich aufmerksam zu machen.[82]

So hat der BGH in einem Fall[83], in dem der Täter eine türkische Gastarbeiterin, gegen ihren Willen durch zwei Landsleute in der Nähe eines Friedhofs bringen ließ, und dort mit ihr den Geschlechtsverkehr ausführte, eine hilflose Lage verneint, weil in unmittelbarer Nähe des Kfz ein Friedhofswärter und wenig weiter eine Frau arbeiteten, so dass Widerstand nicht aussichtslos gewesen wäre.

Für eine entsprechende Auslegung des Tatbestandsmerkmals „schutzlose Lage" in § 177 I Nr. 3 StGB spricht die Tatsache, dass der Gesetzgeber ausweislich der Gesetzesmaterialien[84] davon ausging, dass § 237 StGB a.F. aufgehoben werden könne, weil der Anwendungsbereich dieser Vorschrift vollständig von § 177 StGB erfasst wird.

Damit nun tatsächlich alle Fallgruppen des § 237 StGB a.F. von der Ausnutzungsvariante erfasst werden, darf der Begriff „schutzlose Lage" in § 177 I Nr. 3 StGB nicht restriktiver ausgelegt wird, als der Begriff „hilflose Lage" durch die bisherige Rechtsprechung und Literatur zu § 237 StGB a.F.[85]

Zwar hat der Gesetzgeber für § 177 I Nr. 3 StGB die Formulierung „schutzlose Lage" im Unterschied zur Formulierung „hilflose Lage" in § 237 StGB a.F. gewählt. In der Begründung des Gesetzesentwurfs vom 21.03.1997[86] wird aber wörtlich ausgeführt:

[81] Harbeck, S. 130; D/T-Tröndle, 47. Aufl., § 237 StGB, Rdnr. 5.
[82] BGHSt 24, 93.
[83] BGHSt 24, 93.
[84] BT-Drucks. 13/7324, S. 5.
[85] so auch Harbeck, S. 122; a.A. Fischer, ZStW 112, 80, nach dessen Ansicht Hilflosigkeit der Oberbegriff von Schutzlosigkeit und Wehrlosigkeit ist.
[86] BT-Drucks. 13/7324, S. 5.

"§ 237 StGB (Entführung gegen den Willen der Entführten) kann aufgehoben werden, weil der Anwendungsbereich dieser Vorschrift von dem erweiterten § 177 I StGB mit der neuen Tatbestandsalternative "Ausnutzen einer hilflosen Lage" erfasst wird."

Dies lässt den Schluss zu, dass nach Ansicht des Gesetzgebers die Begriffe „schutzlos“ und „hilflos“ austauschbar sind.
Diese Ansicht vertritt auch der BGH[87], der sich mit seiner Definition der „schutzlosen Lage“ auf die Auslegung im Gesetzgebungsverfahren zum 33. Strafrechtsänderungsgesetz[88] bezieht.

b. Auslegung des Tatbestandsmerkmals „schutzlose Lage“

Der BGH führt in seinem Urteil vom 27.03.2003[89] in Anlehnung an § 237 StGB a.F. aus, es liege eine schutzlose Lage im Sinne des § 177 I Nr. 3 StGB vor, wenn die Schutz- und Verteidigungsmöglichkeiten des Opfers in einem Maße vermindert sind, dass es dem ungehemmten Einfluss des Täters preisgegeben ist.[90]

Eine schutzlose Lage im Sinne des § 177 I Nr. 3 StGB liegt somit bereits dann vor, wenn das Opfer sich dem überlegenen Täter allein gegenüber sieht, sich aufgrund physischer Unterlegenheit oder psychischer Hemmung nicht selbst verteidigen und mit fremder Hilfe nicht rechnen kann.
Diese Definition wird auch überwiegend von der Kommentarliteratur[91] übernommen, so dass man von einer herrschenden Meinung sprechen kann.

c. Objektive Betrachtungsweise oder Opferperspektive

Zu klären ist, ob die schutzlose Lage aus Sicht des Opfers oder anhand objektiver Kriterien zu beurteilen ist.

Zwar legt der Wortlaut des § 177 I Nr. 3 StGB ein Abstellen auf die Opferperspektive nicht nahe, so dass vereinzelt vertreten wird, es sei anhand objektiver Kriterien festzustellen, ob das Opfer sich in einer Lage befand, in der es Gegenwehr für sinnlos und fremde Hilfe für unerreichbar halten durfte.[92]

[87] BGH NStZ 2003, 533 (3 StR 446/02); BGHSt 44, 228, 231; BGHSt 45, 253, 255.
[88] vgl. BT-Drucks. 13/2463, S. 6.
[89] BGH NStZ 2003, 533 (3 StR 446/02).
[90] so auch BGH, NStZ 2000, 140.
[91] vgl. u.a. NK-StGB-Frommel, § 177 StGB, Rdnr. 40, 42; S/S-Lenckner/Perron, § 177 StGB, Rdnr. 9; T/F-Fischer, § 177 StGB, Rdnr. 12 ff; SK-Horn/Wolters, § 177 StGB, Rdnr. 13 a, b.
[92] so bspw. Mildenberger, S. 62.

Ein Abstellen auf die objektiv bestehenden Verteidigungs- und Ausweichmöglichkeiten würde aber dem Schutzzweck des § 177 StGB widersprechen, der die sexuelle Selbstbestimmung des Opfers schützen will. Darüber hinaus entspricht nur die Berücksichtigung der Opferperspektive dem Willen des Gesetzgebers, der durch die Ausnutzungsvariante nicht zuletzt auch geistig und körperlich behinderte Menschen besser vor erzwungenen sexuellen Übergriffen schützen wollte.[93]

Nach richtiger Ansicht ist deshalb eine konkrete Betrachtungsweise maßgeblich, die auf die Perspektive des Opfers abstellt.[94]
Das bedeutet, dass ein tatsächlicher Ausschluss jeglicher Schutz- und Verteidigungsmöglichkeiten nicht erforderlich ist. Es genügt vielmehr, wenn das Opfer aufgrund äußerer Umstände in für einen objektiven Beobachter nachvollziehbarer Weise Widerstand für aussichtslos und Hilfe Dritter für unerreichbar hält.[95]
Denn eine konkrete Gefahr für das sexuelle Selbstbestimmungsrecht besteht bereits dann, wenn sich das Opfer dem Druck des Täters nicht mehr durch reines "Nein-Sagen" oder durch konkludentes Handeln entziehen kann.[96]

d. Verursachung der schutzlosen Lage durch den Täter nicht erforderlich

Die Lage, in der das Opfer der Einwirkung des Täters schutzlos ausgeliefert ist, muss nach richtiger und inzwischen wohl herrschender Ansicht [97] durch den Täter nicht herbeigeführt worden sein.[98]
Die verminderten Schutz- und Verteidigungsmöglichkeiten können sich vielmehr sowohl aus äußeren Gegebenheiten, wie Einsamkeit eines Ortes, Fehlen von Fluchtmöglichkeiten oder Abwesenheit schutzbereiter Dritter ergeben, als auch aus in der Person des Opfers liegenden Umständen einschließlich der in § 179 I Nr. 1 und 2 StGB genannten Beeinträchtigungen.

Zwar vertrat insbesondere Horn zunächst die Ansicht, dass § 177 I Nr. 3 StGB nur anwendbar sei, wenn die schutzlose Lage vom Täter verursacht und ausgenutzt wird, da aufgrund der höheren Strafandrohung von § 177 I Nr. 3 StGB offensichtlich schwerere Ausnutzungsfälle erfasst würden, als von dem milderen § 179 StGB, der in Fällen eingreifen soll, in denen der Täter die schutzlose Lage nur vorfindet und

[93] Renzikowski, NStZ 1999, 379; vgl. auch BT-Drucks. 13/7663, S. 2.
[94] NK-StGB-Frommel, § 177 StGB, Rdnr. 42, 43; Renzikowski NStZ 1999, 379; a.A. Mildenberger, S. 62.
[95] BGH, NStZ 2000, 140.
[96] NK-StGB-Frommel, § 177 StGB, Rdnr. 42, 43.
[97] BGH, NStZ 2000, 141; Lackner/Kühl-Kühl, § 177 StGB, Rdnr. 6b; T/F-Fischer, § 177 StGB, Rdnr. 12; NK-StGB-Frommel, § 177 StGB, Rdnr. 40; Laubenthal, JZ 1999, 583, 584 (Anm. z. BGH, Urt. v. 03.11.1998 - 1 StR 521/98).
[98] so noch SK-StGB-Horn, 49. Lfg. (Okt. 1999), § 177 StGB, Rdnr. 14.

ausnutzt. Da die zum Sexualkontakt jeweils ausgenutzte Situation des Opfers in beiden Fällen praktisch identisch sei, könne ein die unterschiedlichen Strafrahmen rechtfertigender Unterschied nur in den Umständen liegen, die für die schutzlose Lage verantwortlich sind.[99]

Der bloße Verweis auf die unterschiedliche Strafandrohung in § 177 I StGB und § 179 I StGB kann aber die Beschränkung des Anwendungsbereichs des § 177 I Nr. 3 StGB auf eine vom Täter verursachte schutzlose Lage nicht rechtfertigen.

Denn zum einen kann zwischen den beiden Vorschriften, wie im Folgenden dargestellt, anhand des Tatbestandsmerkmals „Nötigung" eine klare und sachgerechte Abgrenzung vorgenommen werden, zum anderen sprechen sämtliche Auslegungsmethoden gegen die von Horn vertretene Auslegung.[100]

Bereits der Wortlaut des § 177 I Nr. 3 StGB, der nicht auf das Ausnutzen einer vom Täter verursachten schutzlosen Lage beschränkt ist, bietet keinerlei Grundlage für eine Differenzierung.

Auch die Entstehungsgeschichte der Vorschrift spricht gegen eine solche Abgrenzung. Denn der Gesetzgeber, der sich bei der Formulierung der dritten Alternative des § 177 I StGB ersichtlich an der Tatbestandsumschreibung "Ausnutzen einer hilflosen Lage" in § 237 a.F. orientierte, hat gerade nicht den ersten Teilakt der Tathandlung des § 237 StGB a.F., die „Schaffung der hilflosen Lage durch den Täter mittels Entführung", in die neu gefasste Vorschrift des § 177 I Alt. 3 StGB übernommen.

Ferner würde es auch dem Schutzweck des § 177 I Nr. 3 StGB widersprechen, wenn eine Verursachung der schutzlosen Lage durch den Täter verlangt würde. Denn ausweislich des Berichts des Rechtsausschusses des Bundestages zum 33. Strafrechtsänderungsgesetz[101] wurde mit der Ausnutzungsvariante auch bezweckt, den Schutz geistig und körperlich behinderter Menschen, deren Widerstandsfähigkeit eingeschränkt ist, vor erzwungenen sexuellen Übergriffen zu verbessern.

Darüber hinaus stehen einer Unterscheidung von äußeren Umständen einerseits und Zuständen des Opfers andererseits durchgreifende Praktikabilitätserwägungen entgegen, da sie in denjenigen Fällen, in denen eine schutzlose Lage sowohl auf äußeren Faktoren, als auch auf in der Person des Opfers liegenden besonderen Umständen beruht, zu nicht lösbaren Abgrenzungsschwierigkeiten führt.[102]

[99] SK-StGB-Horn, 49. Lfg. (Okt. 1999), § 177 StGB, Rdnr. 14;
aufgegeben in SK-Horn/Wolters, 55. Lfg. (Sept. 2002), § 177 StGB, Rdnr. 14.
[100] so auch BGH, NStZ 2000, 140, 141.
[101] BT-Dr. 13/7663, S. 2.
[102] BGH NStZ 2000, 140, 141; BGH NStZ 2003, 534.

e. Gründe für das Unterlassen von Widerstand

Laubenthal engt den Begriff „schutzlose Lage" ein, indem er verlangt, dass das Opfer dem Täter „im körperlichen Sinne schutzlos ausgeliefert" sein muss.[103] Nur Fälle, in denen das Opfer sich nicht widersetzt, weil es andernfalls Körperverletzungshandlungen oder gar eine Tötung durch den Täter befürchtet, sollten nach seiner Ansicht von der „Ausnutzungsalternative" erfasst werden.

Diese Auffassung vertritt nun auch der BGH in einer neueren Entscheidung vom 27.03.2003[104], in der er ausführte, von § 177 I Nr. 3 StGB sollten Fälle erfasst werden, in denen zwar weder Gewalt ausgeübt, noch mit gegenwärtiger Gefahr für Leib oder Leben des Opfers gedroht wird, dieses die Tat aber aus Angst vor Körperverletzungs- oder gar Tötungshandlungen des Täters über sich ergehen lässt, weil es sich in einer hilflosen Lage befindet und ihm Widerstand gegen den überlegenen Täter aussichtslos erscheint.

Infolge dessen ist die bloße Angst des Opfers vor der „Zerstörung seiner Ehe" durch den Täter nicht geeignet, eine schutzlose Lage im Sinne von § 177 I Nr. 3 StGB zu schaffen.[105]

Dieser einengenden Tatbestandsauslegung ist zuzustimmen.

Zum einen trägt sie der Entstehungsgeschichte und der Systematik der Norm Rechnung. Denn nur die Angst des Opfers vor Körperverletzungs- oder Tötungshandlungen des Täters, das auf ihr beruhende Erstarren und das Ausnutzen dieser Situation durch den Täter hielt der Gesetzgeber für nicht ausreichend strafrechtlich geschützt, nicht hingegen die Angst vor sonstigen Nachteilen nichtkörperlicher Art.

Zum anderen spricht auch die Systematik der Norm für diese Auslegung. Denn würden auch Fälle erfasst, in denen der Verzicht auf möglichen Widerstand, allein darauf beruht, dass das Opfer Nachteile nichtkörperlicher Art befürchtet, würde § 177 StGB die innere Stimmigkeit genommen und Handlungen unterschiedlichsten Unrechtsgehalts würden mit derselben Strafe bedroht.

§ 177 StGB soll das Recht auf sexuelle Selbstbestimmung nur vor besonders intensiven Angriffsformen schützen. Deshalb ist § 177 I Nr. 2 StGB auf Drohungen mit gegenwärtiger Gefahr für Leib oder Leben beschränkt. Bei einer Ausdehnung des Tatbestandes der sexuellen Nötigung/ Vergewaltigung auf solche Fälle der Drohung mit einem anderen empfindlichen Übel wäre der Unterschied zu den Delikten des sexuellen Missbrauchs weitgehend verwischt.

[103] Laubenthal JZ 1999, 584 (Anm. zu BGH 1 StR 521/98).
[104] BGH NStZ 2003, 533 f (3 StR 446/02).
[105] BGH NStZ 2003, 543 (3 StR 446/02).

Für solche Willensbeugungen steht der Tatbestand der Nötigung nach § 240 I und IV StGB zur Verfügung, dessen Strafandrohung hierfür auch ausreichend ist.[106]

2. Tathandlung des § 177 I Nr.3 StGB

Als Tathandlung verlangt § 177 I Alt. 3 StGB ein Nötigen unter Ausnutzen der schutzlosen Lage des Opfers.

Dies liegt dann vor, wenn der Täter gegen den Willen des Opfers an diesem sexuelle Handlungen vornimmt, das Opfer sich zu dieser Zeit in einer schutzlosen Lage befindet und der Täter das zu der Tat ausnutzt.[107]
Entscheidend ist, dass das Opfer die sexuellen Handlungen nicht erduldet hätte, wenn es sich nicht in einer schutzlosen Lage befunden hätte, sondern sich frei entscheiden hätte können.[108]

Darüber hinaus muss der Täter die sein Tatvorhaben ermöglichende oder erleichternde schutzlose Lage des Opfers erkannt und sie sich bewusst zunutze gemacht haben, um dessen entgegenstehenden Willen zu überwinden.[109]

a. Definition des Begriffs „Nötigung“

Eine „Nötigung“ im Sinne des § 177 I Nr. 3 StGB liegt nach herrschender Meinung vor, wenn gegen den Willen des Opfers sexuelle Handlungen mit ihm durchgeführt werden.

Das Tatbestandsmerkmal wird auch von der neueren Rechtsprechung so ausgelegt, wie das Urteil des BGH vom 20.10.1999[110] deutlich zeigt. Der Entscheidung lag der folgende Sachverhalt zugrunde:

> Der Täter nahm eine Frau, die er zuvor in einer U-Bahnstation angesprochen hatte, mit zu sich nach Hause und versetzte ihr dort aus Ärger über eine vor kurzem gescheiterte Beziehung zu einer anderen Frau zunächst ohne jede Vorwarnung heftige Schläge ins Gesicht und auf den Oberkörper und stieß ihren Kopf auf den Boden. Schließlich entschuldigte er sich und legte sie auf ein Bett. Infolge der Verletzungen war die Frau körperlich so geschwächt, dass sie auch am nächsten Tag nicht fähig war, sich ohne fremde Hilfe vom Bett zu erheben. Obwohl sie auf die sexuelle Annäherung des Täters erklärte, er solle sie in Ruhe lassen, führte er mit der Geschädigten, die aufgrund ihres äußerst schwachen Zustandes nicht in der Lage war, sich gegen den ihr physisch überlegenen Täter körperlich zur Wehr zu setzen, zweimal den Geschlechtsverkehr aus.

[106] BGH NStZ 2003, 543 (3 StR 446/02).
[107] so u.a. BGH NStZ 2004, 440, 441 (Urt. v. 28.01.2004 – 2 StR 351/03).
[108] so auch Mildenberger, S. 66.
[109] BGH NStZ 2000, 141; BGH NStZ 2003, 534.
[110] BGH NStZ 2000, 140 (Urt. v. 20.10.1999- 2 StR 248/99).

Der BGH bejaht bei den sexuellen Übergriffen eine Vergewaltigung gemäß § 177 I Nr. 3, II 2 Nr. 1 StGB, da die Geschädigte sich nicht ohne fremde Hilfe aus dem Bett erheben konnte, und damit in einer Lage war, in der sie der Einwirkung des Täters schutzlos ausgeliefert war. Diese Situation machte sich der Täter bewusst zunutze, um entgegen dem ausdrücklich erklärten Willen der Geschädigten mit ihr den Geschlechtsverkehr auszuführen.

b. Argumente für eine Auslegung als Spezialfall des § 240 StGB

Teilweise wird in der Literatur vertreten, § 177 I StGB sei ein Spezialfall der Nötigung nach § 240 StGB mit der Konsequenz, dass der Begriff der „Nötigung" in § 177 I StGB grundsätzlich die Überwindung des entgegenstehenden Willens des Opfers mit Zwangsmitteln voraussetze.[111]

Begründet wird dies damit, dass der Gesetzgeber durch den Gebrauch des Begriffes „unter" in § 177 I Nr. 3 StGB klargestellt habe, dass das Ausnutzen einer schutzlosen Lage als solches den Tatbestand des § 177 I Nr. 3 noch nicht verwirklicht, sondern vielmehr zusätzlich eine Nötigung wie in § 240 I StGB voraussetze.[112]

Denn der Täter, der lediglich eine schutzlose Lage ausnutzt nehme nur objektiv gegebene, günstige Umstände subjektiv zum Anlass, um eine Handlung vorzunehmen, die er ohne diese Umstände nicht oder nicht so leicht hätte vornehmen können.[113] Als Nötigungshandlung bliebe dann allein die sexuelle Handlung selbst übrig, da der Begriff des „Ausnutzens" das erforderliche Handlungselement des „Nötigens" gar nicht enthält. Dann würde der Verbrechenstatbestand des § 177 I Nr. 3 StGB im Kern zur "Vornahme sexueller Handlungen gegen den Willen", wogegen Bedenken aus Art. 103 II GG bestünden, da die Grenze tatbestandlichen Handelns vollständig in die subjektive Sphäre des Genötigten verlagert würde.[114]

Jede Nötigung setze aber eine tatbestandlich umschriebene Zwangshandlung voraus. Der ihr begrifflich innewohnende Zwang könne nicht allein in der Vorstellung des Opfers gefunden werden und nicht mit dem erzwungenen Verhalten in eins fallen.[115]

Die Annahme, die „schlichte Nichtbeachtung" reiche als Nötigung aus, wenn der Täter Widerstand nicht erwartet[116], sei auch mit der Definition von Schutzlosigkeit

[111] S/S-Lenckner/Perron, § 177 StGB, Rdnr. 4; T/F-Fischer, § 177 StGB, Rdnr. 15 a ff; Münch-KommStGB-Renzikowski, § 177 StGB, Rdnr. 47.
[112] S/S-Lenckner/Perron, § 177 StGB, Rdnr. 11; Fischer ZStW 112, 93.
[113] Graul, JR 2001, 117 (Anm. z. BGH, Urt. v. 20.10.1999 – 2 StR 248/99).
[114] Fischer, NStZ 2000, 142, 143 (Anm. z. BGH, Urt. v. 20.10.1999 - 2 StR 248/99).
[115] BVerfGE 92, 1, 17 f.
[116] BGHSt 45, 253, 257 (Urt. v. 20.10.1999 – 2 StR 248/99); NK-StGB-Frommel, § 177 StGB, Rdnr. 46.

als einer Lage, in welcher sich das Opfer der Einwirkung des Täters nicht entziehen kann, kaum vereinbar.[117]

Denn insbesondere mit Blick auf die grundrechtlich geschützte Handlungsfreiheit könne es nicht strafbar sein, die intellektuellen, charakterlichen oder sozialen Schwächen anderer auszunutzen, um sie zu sexuellen Handlungen oder deren Duldung zu bestimmen. Daher könne auch nicht strafrechtlich verfolgt werden, wer Dummheit, Leichtgläubigkeit, Furcht oder Abhängigkeit lediglich ausnutzt.
Dem Täter müsse vielmehr eine Verantwortlichkeit für die Schaffung, Gestaltung oder Aufrechterhaltung der freiheitseinschränkenden Lage vorgeworfen werden können.[118]

Aus dem Anwendungsbereich des § 177 StGB würden somit alle Fälle ausscheiden, in denen das Opfer aufgrund einer Krankheit oder Behinderung von vorne herein nicht in der Lage ist, einen entgegenstehenden Willen zu bilden oder zu betätigen, sowie solche, in denen das Opfer seinen Willen zwar gegenüber dem Täter artikulieren kann, dieser sich aber ohne Ausübung von Zwang durch schlichte Nichtbeachtung oder Täuschung darüber hinwegsetzt.[119]

In diesen Fällen gehe die Zwangswirkung nicht vom Täter, sondern von der Lage aus, in der sich das Opfer befindet, sodass es sich allenfalls um einen Fall des Missbrauchs im Sinne des § 179 StGB handele, nicht aber um eine Nötigung.[120]

Diese Auslegung hätte folglicherweise auch den Vorteil, dass die Problematik der Tatbestandsüberschneidung mit den sexuellen Missbrauchsdelikten umgangen werden könnte.[121]

c. Argumente für die Einaktigkeit der Nötigung in § 177 I Nr. 3 StGB

Die scheinbar für eine zweiaktige Auslegung des § 177 I Nr. 3 StGB sprechenden Argumente erweisen sich bei näherer Betrachtung aber als unzutreffend.

Zunächst sind die Bedenken im Hinblick auf den Bestimmtheitsgrundsatz des Art. 103 II GG unbegründet.
Die in diesem Zusammenhang gegen die Urteile des Bundesgerichtshofs vom 28.01.2004 (2 StR 351/03) und des Landgerichts Bonn vom 11.04.2003 (2 H 1/03)

[117] T/F-Fischer, 51. Aufl., § 177 StGB, Rdnr. 16 a.
[118] Fischer, ZStW 112, 93.
[119] vgl. S/S-Lenckner/Perron, § 177 StGB, Rdnr 11; Fischer ZStW 112, 90 f.
[120] anders BGHSt 45, 257 ff.
[121] Güntge, NJW 2004, 3750, 3751.

erhobene Verfassungsbeschwerde zum Bundesverfassungsgericht wurde daher auch nicht zur Entscheidung angenommen.[122]

Die Auslegung der Vorschrift des § 177 I Nr. 3 StGB dahin, dass sich die Nötigung in der Vornahme der sexuellen Handlung gegen den Willen des Opfers erschöpft, wenn sich dieses in einer schutzlosen Lage befindet und der Täter dies zur Tat ausnutzt, verstößt nicht gegen das Bestimmtheitsgebot des Art. 103 II GG.[123]

Denn in Art. 103 II GG sind in wörtlicher Übereinstimmung mit § 1 StGB die Anforderungen an die gesetzliche Bestimmtheit der Strafbarkeit verfassungsrechtlich festgelegt. Diesem Erfordernis ist mit der Angabe der gesetzlichen Grundlage der Strafbarkeit in § 177 StGB, d.h. mit der abstrakten Festlegung der Strafbarkeit, die nicht über den allgemeinen Gesetzesvorbehalt hinausgeht, Genüge getan.

Darüber hinaus müssen die Voraussetzungen der Strafbarkeit so konkret umschrieben sein, dass Anwendungsbereich und Tragweite der Straftatbestände sich aus dem Wortlaut ergeben oder jedenfalls durch Auslegung ermitteln lassen.[124] Hinsichtlich der Tatbestandsvoraussetzungen besteht für den Gesetzgeber die Pflicht, Tatbestände so zu formulieren, dass sie ihrer Aufgabe, eine zuverlässige und feste Grundlage der Rechtsprechung zu bilden, gerecht werden können.[125]

Das Gebot der Gesetzesbestimmtheit bedeutet allerdings nicht, dass der Gesetzgeber gezwungen wäre, sämtliche Straftatbestände ausschließlich mit rein deskriptiven, exakt fassbaren Tatbestandsmerkmalen zu umschreiben. Denn ohne die Verwendung allgemeiner Begriffe wäre der Gesetzgeber nicht in der Lage, der Vielgestaltigkeit des Lebens Herr zu werden.[126]

Angesichts des Spannungsverhältnisses zwischen dem Bestimmtheitsgebot einerseits und der Notwendigkeit flexibler, Gerechtigkeitserfordernissen Rechnung tragender Regelungen andererseits lässt sich die Frage, wann ein Tatbestand im Sinne des § 1 StGB „gesetzlich bestimmt" ist, kaum allgemein und eindeutig beantworten.[127]

Nach der Rechtsprechung und der Kommentarliteratur bestehen gegen die Verwendung wertausfüllungsbedürftiger Generalklauseln oder Allgemeinbegriffe jedenfalls dann keine Bedenken, wenn sich mit Hilfe der üblichen Auslegungsmethoden, insbesondere durch Heranziehung anderer Vorschriften desselben Gesetzes, durch Berücksichtigung des Normzusammenhangs oder aufgrund einer gefestigten Rechtsprechung eine zuverlässige Grundlage für die Auslegung und Anwendung der Re-

[122] vgl. BVerfG NJW 2004, 3768.
[123] BVerfG NJW 2004, 3768, 3769.
[124] BVerfGE 92, 1 ff, 12.
[125] S/S-Eser, § 1 StGB, Rdnr. 20.
[126] LK-Gribbohm, § 1 StGB, Rdnr. 46.
[127] S/S-Eser, § 1 StGB, Rdnr. 20.

gelung gewinnen lässt, so dass der Einzelne die Möglichkeit hat, den durch die Strafnorm geschützten Wert sowie das Verbot bestimmter Verhaltensweisen zu erkennen und die staatliche Reaktion vorauszusehen oder wenigstens das Risiko einer Bestrafung zu erkennen.[128]
Maßgebend ist dabei in erster Linie der für den Adressaten erkennbare und verstehbare Wortlaut des gesetzlichen Straftatbestandes.[129]

Diese Voraussetzungen sind auch dann erfüllt, wenn der Begriff „Nötigung" in § 177 I Nr. 3 StGB als „Beugung des entgegenstehenden Willens des Opfers" ausgelegt wird. Denn diese Auslegung lässt sich stimmig mit den üblichen Auslegungsmethoden gewinnen.

So spricht für diese Auslegung neben dem Wortlaut der Vorschrift auch die Entstehungsgeschichte, ihre systematische Struktur und der Sinn und Zweck der Vorschrift.

Schon aus dem Wortlaut der Norm ergibt sich, dass jede unter Ausnutzung einer schutzlosen Lage erfolgende Überwindung eines entgegenstehenden Opferwillens für die Verwirklichung der dritten Alternative des § 177 I StGB ausreicht. Denn eine Nötigung liegt nach dem Wortsinn vor, wenn jemand gegen seinen Willen zu einem Tun, Dulden oder Unterlassen bestimmt wird, wobei begrifflich jede Einwirkung von Zwang auf den Willen eines anderen erfasst wird.[130]

Für diese Interpretation des Begriffs „Nötigung" sprechen auch die Gesetzesmaterialien. Danach sollen durch § 177 I Nr. 3 StGB im Interesse eines umfassenden Schutzes der sexuellen Selbstbestimmung gerade Fälle erfasst werden, in denen das Opfer ohne Anwendung von Gewalt oder qualifizierter Drohung durch den Täter dessen sexuelle Handlungen über sich ergehen lässt, weil es sich in einer hilflosen Lage befindet und Widerstand gegen den überlegenen Täter aussichtslos erscheint. Dem entsprechend muss es auch ausreichen, wenn durch das Ausnutzen der schutzlosen Lage ein der Tat entgegenstehender Wille des Opfers gebeugt wird.[131]

Schließlich lässt auch die systematische Struktur des § 177 I StGB nicht auf eine vom allgemeinen Wortsinn abweichende Auslegung des Tatbestandsmerkmals „Nötigen" schließen.[132] Denn das Merkmal „Ausnutzen einer schutzlosen Lage" des Opfers ist im Gegensatz zu den beiden anderen Alternativen des § 177 I StGB nicht als qualifizierendes Merkmal einer Nötigung in § 240 I StGB enthalten.
Zwar wurde früher in Rechtsprechung und Literatur angenommen, dass die Tathandlung der Vergewaltigung in einer qualifizierten Nötigung zum Beischlaf bestehe.[133]

[128] BVerfGE 45, 363, 371 f; 48, 48, 56 f; BVerfG NStZ 1991, 383; LK-Gribbohm, § 1 StGB, Rdnr. 49; S/S-Eser, § 1 StGB, Rdnr. 20.
[129] BVerfGE 71, 108, 115; LK-Gribbohm, § 1 StGB, Rdnr. 46.
[130] BGH NStZ 2000, 141.
[131] vgl. BT-Drucks. 13/7663, S. 4, 5.
[132] so aber T/F-Fischer, § 177 StGB, Rdnr.14; Renzikowski NStZ 1999, 377.
[133] vgl. BGH NStZ 1985, 546.

Bis zur Änderung durch das 33. Strafrechtsänderungsgesetz waren aber alle Tatmittel des § 177 I StGB a.F. zugleich auch Nötigungsmittel im Sinne des § 240 I StGB, so dass sich die Vergewaltigung als Spezialfall der Nötigung gemäß § 240 I StGB darstellte.
Diesem Sprachgebrauch wurde aber durch die Erweiterung der Tatmittel in § 177 I StGB über den Kreis der von § 240 StGB erfassten Nötigungsmittel hinaus die Grundlage entzogen.[134] Denn wenn erst die tatbestandliche Verknüpfung mit den Tatmitteln Gewalt oder Drohung mit einem empfindlichen Übel in § 240 I StGB das Nötigen zur strafbaren Nötigung macht, folgt daraus zwingend, dass der Begriff des Nötigens im Kontext anderer Vorschriften in seinem Bedeutungsgehalt nicht mit einer Nötigung im Sinne des § 240 I StGB gleichgesetzt werden kann.[135] Vielmehr ist ebenso wie bei der Auslegung des § 240 I StGB selbst der weiterreichende allgemeine Sinngehalt des Begriffs zugrunde zu legen.

Dass der Begriff „Nötigung" nicht stets wie die in § 240 I StGB definierte qualifizierte Nötigung auszulegen ist, wird auch durch die Vorschrift des § 121 I Nr. 1 StGB bestätigt, in der der Gesetzgeber durch einen auf § 240 StGB hinweisenden Klammerzusatz ausdrücklich klarstellte, dass für die Gefangenenmeuterei nach § 121 I Nr. 1 Alt. 1 StGB ein die Voraussetzungen der Nötigung erfüllender Willenszwang erforderlich ist.[136]

Darüber hinaus fällt bei den von § 177 I Nr. 3 StGB erfassten Fallgruppen typischerweise der Nötigungserfolg mit der Nötigungshandlung zusammen, da der körperlich wirkende Zwang für das Opfer, also der Nötigungserfolg in der sexuellen Handlung liegt, die mit der Nötigungshandlung zusammenfällt.
Das Festhalten an der insbesondere in § 240 StGB geforderten Zweiaktigkeit der Nötigung würde also auch dem Sinn und Zweck der Vorschrift widerspricht.[137]
Ansonsten bliebe für § 177 I Nr. 3 StGB nahezu kein Anwendungsbereich und das Ziel des Gesetzgebers, vor allem Angstopfer von dieser Vorschrift zu erfassen wäre verfehlt. Denn § 177 I Nr. 3 StGB wäre dann allenfalls auf Fälle der Gewalt gegen Dritte, sowie Drohungen mit einem anderen empfindlichen Übel als Leib- oder Lebensgefahr anwendbar.[138] Da aber durch die Rechtsprechung[139] wiederum § 177 I Nr. 3 StGB nur in Fällen bejaht wird, in denen das Opfer Widerstandshandlungen nur deshalb unterlassen hat, weil es andernfalls Körperverletzungs- oder gar Tötungshandlungen des Täters befürchtet, würde auch ein Großteil dieser Fälle nicht erfasst.

Infolge dessen ist der inzwischen wohl herrschenden Ansicht zu folgen, dass es einer die Voraussetzungen des § 240 I StGB erfüllenden Nötigungshandlung nicht

[134] BGH NStZ 2000, 140, 141 (Urt. v. 20.10.1999 - 2 StR 248/99).
[135] a.A. T/F-Fischer, § 177 StGB, Rdnr. 14.
[136] BGH NStZ 2000, 141.
[137] so auch NK-StGB-Frommel, 2005, § 177 StGB, Rdnr. 48 ff.
[138] so auch MünchKommStGB-Renzikowski, § 177 StGB, Rdnr. 49.
[139] vgl. BGH NStZ 2003, 534.

bedarf, sondern eine Nötigung im Sinne des § 177 StGB bereits dann vorliegt, wenn der entgegenstehende Wille mittels Durchführung der sexuellen Handlung gebeugt wird.[140] Die Nötigungshandlung fällt dabei mit der sexuellen Handlung zusammen.

d. Ergebnis

Die sexuelle Nötigung ist also seit der Reform 1997/1998 nicht mehr an die zweiaktige Definition der Nötigung gebunden, die eine Finalität zwischen dem eingesetzten Nötigungsmittel „Gewalt" oder „Drohung mit gegenwärtiger Gefahr für Leib oder Leben" und dem Nötigungserfolg „sexuelle Handlung" verlangte, sondern der Gesetzgeber hat einen allgemeinen Begriff des Nötigens geschaffen, der bereits dann erfüllt ist, wenn gegen den Willen des Opfers sexuelle Handlungen durchgeführt werden.
Die Nötigungshandlung ist dabei im Einsatz des Nötigungsmittels „Ausnutzen einer schutzlosen Lage" zu sehen.[141]

3. Definition des entgegenstehenden Willens

Die in § 177 I Nr. 3 StGB vorausgesetzte „Nötigung" ist also zu definieren als „Durchführung von sexuellen Handlungen gegen den Willen des Opfers".

Umstritten ist nun, ob es sich bei dem entgegenstehenden Willen um einen konkret und aktuell geäußerten Willen handeln muss[142], oder ob ein genereller Wille ausreicht.[143]

a. Argumente für einen konkret und aktuell geäußerten Willen

Der BGH entschied in einem Fall, in dem der Täter sexuelle Handlungen an einer bewusstlosen Frau vornahm[144], dass die Willensbeugung einen konkreten und aktuell geäußerten Willen betreffen müsse. Bei einem bewusstlosen Opfer, welches naturgemäß in diesem Zustand keinen konkreten Willen äußern kann, liege infolgedessen keine Vergewaltigung, sondern lediglich ein sexueller Missbrauch nach § 179 StGB vor.

[140] BGH NStZ 2000, 141; inzwischen wohl h.M.
[141] NK-StGB-Frommel, § 177 StGB, Rdnr. 20, 39; Mildenberger, 1998, S. 79.
[142] BGH NStZ 2000, 140.
[143] Oberlies, ZStW 1/2002, 131 ff.
[144] vgl. BGH NStZ 2000, 140.

Der BGH begründete dies insbesondere damit, dass das spezifische Unrecht einer Vergewaltigung in der erlebten Erniedrigung durch einen gegen den Willen durchgeführten Sexualakt zu sehen sei.

Auch in der Literatur wird überwiegend darauf abgestellt, dass das Opfer einen entgegenstehenden Willen konkret bilden, äußern oder betätigen müsse.[145]
Die bloße Bildung eines Widerstandswillens im Sinne einer inneren Abwehrhandlung reiche dabei allerdings nicht aus, sondern eine Nötigung wird nur dann angenommen, wenn der Täter sich bewusst ist, dass das Opfer mit seinem Verhalten nicht einverstanden ist und das Opfer dies signalisiert.[146]

b. Argumente für einen generellen entgegenstehenden Willen

Nach anderer Ansicht[147] reicht ein genereller Wille des Opfers aus, wenn im Einzelfall klare Indikatoren für einen entgegenstehenden Willen vorhanden sind.

Denn auch wer im Zeitpunkt der Tathandlung keinen konkreten Willen gebildet hat, sexuelle Kontakte aufzunehmen, hat das Recht und in der Regel auch den latenten Willen, nicht einfach als sexuelles Objekt gebraucht zu werden.[148]

Ein schlafender oder bewusstloser Mensch wird im Regelfall immer den Willen haben, im Schlaf bzw. während der Bewusstlosigkeit zu nichts „gezwungen“ zu werden, was er im wachen Zustand ablehnen würde. Eben diesen Willen beugt der Täter, indem er sich während des Schlafs oder der Bewusstlosigkeit des Opfers etwas in dem sicheren Wissen nimmt, was das Opfer ihm im wachen Zustand nie gegeben hätte.[149]
So führte sogar der BGH bereits in seinem Urteil vom 24.10.1973[150] zu § 237 StGB wörtlich aus:

> "Die Strafkammer geht mit Recht davon aus, dass B. „wider ihren Willen“ entführt wurde. Daran ändert nichts, dass das Mädchen infolge seiner Ohnmacht außerstande war, seinem Willen Ausdruck zu verleihen. Eine Frau geht des Schutzes, der ihr durch § 237 StGB gewährt werden soll nicht dadurch verlustig, dass sie wegen Bewusstlosigkeit oder aus ähnlichen in ihrer Person liegenden Gründen in einen Zustand gerät, in dem sie über den Normalfall hinaus schutz- und wehrlos ist. Kann sie in einem solchen Fall ihren dem Täter entgegenstehenden Willen nicht zu erkennen geben, so genügt ihr mutmaßlich entgegenstehender Wille."

145 Mildenberger, S. 80; Lackner/Kühl-Kühl § 179 StGB, Rdnr. 3.
146 Mildenberger, S. 80.
147 Oberlies, ZStW 2002, 131 ff.
148 Oberlies, ZStW 2002, 146.
149 Oberlies, ZStW 2002, 140.
150 BGHSt 25, 237 (Urt. v. 24.10.1973 – 2 StR 362/73).

Zur Ermittlung des mutmaßlichen entgegenstehenden Willens wird gefragt, welchen Willen die Person in Bezug auf die sexuelle Handlung gebildet hätte, wenn sie nicht bewusstlos gewesen wäre.[151]

c. Stellungnahme zugunsten der Annahme eines "generellen Willens"

In einer neueren Entscheidung vom 28.01.2004 bejahte der 2. Strafsenat des Bundesgerichtshofs das Tatbestandsmerkmal der Nötigung im Sinne des § 177 I Nr. 3 StGB bereits bei der Vornahme sexueller Handlungen an einem schlafenden Opfer, welches hierdurch allerdings aufwachte und seinen entgegenstehenden Willen kundtat, woraufhin der Täter von ihm abließ.[152]
Der BGH ließ in diesem Fall also bereits eine überraschend vorgenomme sexuelle Handlung, die nach Bildung und Äußerung eines aktuellen entgegenstehenden Willens unverzüglich beendet wurde ausreichen. Darüber hinaus führte der Strafsenat zur Begründung des entgegenstehenden Willens nicht nur die nach dem Erwachen des Opfers getätigte Äußerung „Opa, laß das sein“, sondern auch die Tatsache, dass das Opfer, welches bereits eine Woche zuvor vom Täter sexuell genötigt worden war sich vorbeugend Leggings anzog, bevor es sich zum Schlafen legte.[153] Damit machte der Senat deutlich, dass auch solche, der Vornahme sexueller Handlungen vorausgehende Verhaltensweisen bei der Prüfung des Vorliegens eines entgegenstehenden Willens heranzuziehen sind.

Nach richtiger Ansicht ist ein entgegenstehender Wille im Sinne des § 177 I Nr. 3 StGB in diesem Fall selbst dann anzunehmen, wenn das Opfer durch die Tat nicht aufwacht und seinen entgegenstehenden Willen ausdrücklich kundtut, da dieser aufgrund der bereits eine Woche vorher erfolgten Zurückweisung und des entgegen der Gewohnheit vorbeugenden Anbehaltens der Leggings der Situation immanent und damit generell vorhanden war.

Das Abstellen auf einen generellen entgegenstehenden Willen führt nicht nur zu einer schuldangemessenen Bestrafung des Täters, sondern auch zu einer gleichen Definition von Begriffen innerhalb des StGB.

So ist nicht verständlich, warum bei der sexuellen Nötigung im Unterschied zu anderen Delikten nicht angenommen wird, dass der Schlafende den Willen, nicht ohne Einverständnis zu sexuellen Handlungen missbraucht zu werden, mit in den Schlaf nimmt, sondern stattdessen als entscheidend angesehen wird, dass Schlaf und

[151] Meyer-Gerhards, JuS 1974, 566, 567 zu § 237 StGB .
[152] BGH NStZ 2004, 440, 441 (Urt. v. 28.01.2004 – 2 StR 351/03).
[153] BGH BGH NStZ 2004, 440, 441 (Urt. v. 28.01.2004 – 2 StR 351/03).

Bewusstlosigkeit die Fähigkeit zur Willensbildung in der konkreten Tatsituation gänzlich beseitigen.[154]

Insbesondere beim Raub nach §§ 249, 250 StGB muss der entgegenstehende Wille nach herrschender Meinung nicht ausdrücklich erklärt werden, wenn er der Situation immanent ist.
Bereits in seinem Urteil vom 21.05.1953[155] hat der BGH in einem Fall der Entwendung von Kleidungsstücken und Gebrauchsgegenständen eines völlig Betrunkenen ausgeführt:

> "Der einmal begründete Gewahrsam bleibt als ein tatsächliches Verhältnis, das dem Inhaber die Sachherrschaft ermöglicht solange bestehen, bis dessen tatsächliche Einwirkungsmöglichkeit verloren geht. Da das Bewusstsein der Sachherrschaft zu ihrer Aufrechterhaltung nicht erforderlich ist[156] und eine vorübergehende Verhinderung in der Ausübung die tatsächliche Gewalt nicht beseitigt, wird der Gewahrsam durch eine zeitweilige Bewusstlosigkeit des Inhabers nicht beeinträchtigt. Er ist somit trotz seiner Volltrunkenheit Inhaber des Gewahrsams an den Sachen geblieben, die er auf dem Körper trug."

Auch in einem Urteil aus dem Jahre 1966[157] entschied der BGH, dass die Vorschriften der §§ 249, 250 StGB das Bewusstsein des Opfers von der Wegnahmeabsicht des Täters oder von der Wegnahme nicht voraussetzen. Denn bei einem Raub oder Diebstahl wird der latente Sachherrschaftswille nicht durch vorübergehende Ausschaltung der tatsächlichen Willensfähigkeit (z.B. im Schlaf) aufgehoben, selbst wenn dieses Unvermögen zur Herrschaftsausübung bis zum Tode fortdauert.[158]

Es ist kein Grund ersichtlich, für die sexuelle Selbstbestimmung das Vorliegen eines latenten Willens nicht ausreichen zu lassen[159], zumal von dem potentiellen Opfer nicht erwartet werden kann, dass es ständig auf der Lauer liegt.[160]
Wenn es darüber hinaus bei der Gewaltanwendung gegenüber einem Schlafenden für die Nötigung ausreicht, einen erwarteten Widerstand zu brechen[161], dann muss es

[154] so auch Oberlies, ZStW 2002, 138.
[155] BGHSt 4, 210 ff.
[156] so bereits RGSt 50, 48 (Urt. v. 17.04.1916); RGSt 56, 207 (Urt. v. 21.10.1921).
[157] BGHSt 20, 33.
[158] vgl. BGH NJW 1985, 1911 (Urt. v. 20.03.1985 – 2 StR 44/85); S/S-Eser, § 242 StGB, Rdnr. 30; so auch Schröder, JR 1961, 189, 190 (Anm. zu BayObLG, Urt. v. 22.12.1960) mit der Begründung, dass andernfalls im Zeitpunkt der Tat nicht feststünde, ob der Täter einen Diebstahl oder eine Unterschlagung begehe. Ferner sei der Mensch auch im Todeskampf noch eine Rechtspersönlichkeit, dessen rechtliche Beziehung zu seinen Sachen erst im Todeszeitpunkt endet.
a.A. BayObLG, Urt. v. 22.12.1960, JR 1961, 188, 189, wonach ein Kranker, der die Fähigkeit, einen Willen zu fassen und zu äußern, verloren und bis zum Tode nicht wieder erlangt hat, in dieser Zeit keinen Gewahrsam hat.
[159] Oberlies in: Zinsmeister, S. 180.
[160] S/S-Eser, § 242 StGB, Rdnr. 30.
[161] vgl. RGSt 67, 186 (Urt. v. 31.03.1933 – I 254/33).

bei einer Nötigung unter Ausnutzung einer schutzlosen Lage ebenfalls genügen, dass die Ausnutzung der schutzlosen Lage dem erwarteten Widerstand zuvorkommen soll.[162]

Beim Hausfriedensbruch erfolgt nach herrschender Meinung ein Betreten gegen den Willen des Berechtigten bereits dann, wenn der Täter den Raum ohne ein ausdrückliches oder konkludent erteiltes Einverständnis betritt.[163] Liegt ein möglicherweise auch generell erteiltes Einverständnis vor, so „dringt" der Täter schon nicht „ein". Denn geschützt wird durch § 123 StGB der Dispositionswille des Berechtigten, d.h. seine Freiheit, innerhalb bestimmter geschützter Räume darüber zu entscheiden, wer sich in ihnen aufhalten darf und wer nicht.[164]

§ 123 StGB enthält damit einen „formalisierten Schutz einer räumlich begrenzten höchstpersönlichen Privat- und Geheimsphäre".[165]

Infolge dessen liegt ein Hausfriedensbruch sogar dann vor, wenn der Inhaber des Hausrechts nicht zu Hause ist, oder das Haus sogar völlig unbewohnt ist.

Es wird also kein ständig und deshalb auch im Zeitpunkt des Eindringens aktualisierter Wille gefordert, sondern der in aller Regel schon mit dem Innehaben einer Räumlichkeit gemäß § 123 StGB sich verbindende generelle Wille, andere auszuschließen genügt.

Eines speziellen Verbots bedarf es nur, wenn es darum geht, eine zuvor bestehende Erlaubnis außer Kraft zu setzen oder einen einzelnen von der generell erteilten Erlaubnis auszunehmen.

Wenn aber nach herrschender Meinung sogar beim Hausfriedensbruch ein sogenannter genereller Wille ausreicht, so muss dies erst recht für die sexuelle Nötigung gelten.

Zwar schützt § 123 StGB anders als § 177 StGB nicht die Willensbildungs- und betätigungsfreiheit des Opfers, sondern sein Hausrecht. Hierbei handelt es sich aber um ein der persönlichen Freiheit nahe verwandtes Recht. Denn es umfasst die Gesamtheit der rechtlich geschützten Befugnisse, über die geschützten Bereiche tatsächlich frei zu verfügen.[166]

[162] Oberlies, ZStW 2002, 140.

[163] RGSt 12, 132, 134 (Urt. v. 16.04.1885); Schroeder, JR 1967, 304, 305 (Anm. z. BGH, Urt. v. 14.12.1966 – 2 StR 346/66); weitergehend SK-Rudolphi, 6. Aufl., § 123 StGB, Rdnr. 13, der es sogar für ausreichend hält, wenn die Wohnung ohne den Willen des Berechtigten betreten wird. Allerdings ist Rudolphi zuzustimmen, dass beide Auffassungen im Regelfall zum gleichen Ergebnis führen, da bei einem Berechtigten, der nicht sein Einverständnis zum Betreten der Wohnung erteilt hat in der Regel auch zumindest zu vermuten ist, dass sein Wille dem Betreten entgegensteht.

[164] Pott, KritV 1999, 105.

[165] SK-Rudolphi, 46. Lfg., 6. Aufl., § 123 StGB, Rdnr. 3; Pott, KritV 1999, 105.

[166] T/F-Fischer, § 123 StGB, Rdnr. 2.

Bei dem eigenen Körper handelt es sich sogar um den geschützten Intimbereich, über den das Recht zur tatsächlich freien Verfügung als Regelfall selbstverständlich sein sollte. Infolge dessen ist eine parallele Definition der Formulierung „gegen den Willen des Berechtigten" in § 123 I StGB und § 177 I Nr. 3 StGB durchaus sinnvoll.

Auch für die Freiheitsberaubung gemäß § 239 StGB ist nach herrschender Meinung der objektive Zustand tatsächlicher Unmöglichkeit zur freien Willensbetätigung entscheidend, unabhängig davon, ob sich der Betroffene dieses Zustandes überhaupt bewusst ist.[167] Infolge dessen ist auch derjenige seiner Freiheit beraubt, der sich ohnehin gerade nicht fortbewegen will, wenn er sich nur ohne die Beeinträchtigung seiner Bewegungsmöglichkeit fortbegeben könnte. Dies wurde damit begründet, dass andernfalls z.B. ein Kranker, der zwar aufstehen könnte, aber wegen seines Zustandes lieber liegen bleiben möchte, durch die Strafdrohung des § 239 StGB nicht geschützt wäre, "was nicht rechtens sein könne".[168]

Schließlich würde die konsequente Forderung eines konkret und aktuell geäußerten entgegenstehenden Willens auch zu dem befremdlichen Ergebnis führen, dass die Injektion von Drogen bei einem schlafenden oder bewusstlosen Menschen keine Nötigung sei.[169]

Dies wird jedoch auch vom BGH nicht vertreten, der sogar annimmt, es handele sich um „Gewalt", wenn das betäubende Mittel heimlich ohne den Willen des Opfers beigebracht wird.[170]

Ist das Opfer hingegen mit der Anwendung des Betäubungsmittels einverstanden, so konnte der Täter bisher allenfalls nach § 179 StGB bestraft werden.

Dies zeigt eindrücklich der vom BGH im Jahre 1959 entschiedene Fall[171], dem der folgende Sachverhalt zugrunde lag:

> Ein Arzt fertigte für seine Patientin eine Zahnkrone an und schlug zur Anpassung eine Narkose vor, in die die Patientin einwilligte. Nachdem der Arzt sie betäubt hatte, nahm er wie von Anfang an bezweckt, sexuelle Handlungen an ihr vor.

Der BGH verneinte Gewalt mit der Begründung, dass der Angeklagte die Narkose nicht heimlich oder überraschend, sondern mit dem Einverständnis des Opfers herbeigeführt hatte. Da sich das Opfer freiwillig in den Zustand der Bewusstlosigkeit versetzen ließ, liege lediglich Täuschung bzw. List vor, die wiederum allenfalls nach § 179 StGB zu bestrafen sei.

[167] h.M., vgl. bereits RGSt 61, 239, 241 (Urt. v. 17.03.1927 – III 62/27).
[168] BGHSt 14, 314 ff (Urt. v. 31.05.1960 – 1 StR 212/60).
[169] Oberlies, ZStW 2002, 140.
[170] BGHSt 14, 81 (Urt. v. 15.01.1960 – 4 StR 528/59).
[171] BGH JR 1959, 345 (Urt. v. 21.04.1959 – 5 StR 75/59); vgl. auch OLG Celle NJW 1961, 1079 (Urt. v. 15.12.1960 – 1 Ss 314/60).

Eine Differenzierung danach, ob das Betäubungsmittel vom Täter heimlich oder unter einem Vorwand verabreicht wurde ist indes nicht einleuchtend. Denn in beiden Fällen weiß das Opfer nicht, was mit ihm geschieht, so dass ein Widerstand gegen die sexuellen Absichten des Täters in beiden Fällen von vorneherein unmöglich gemacht wird.
Darüber hinaus kann das erteilte Einverständnis mit der Anwendung des Betäubungsmittels auch nicht als Blankoscheck dergestalt verstanden werden, dass sich das Opfer auf Gedeih und Verderb dem Täter ausgeliefert sehen will. Vielmehr bezieht sich das Einverständnis lediglich auf die Betäubung, nicht aber auf die Vornahme sexueller Handlungen. Infolge dessen ist zu differenzieren zwischen dem Willen, den der Bewusstlose aufzugeben bereit ist, und demjenigen, den er trotz der Narkose weiter zu betätigen wünscht.[172]

Es ist daher in den Fällen, in denen der entgegenstehende Wille der Situation immanent ist anzunehmen, dass ein schlafendes oder bewusstloses Opfer den entgegenstehenden Willen mit „in den Schlaf bzw. in die Bewusstlosigkeit" genommen hat. Auch die Fälle, in denen Betäubungsmittel „gewaltlos" beigebracht werden, unterfallen dementsprechend § 177 I Nr. 3 StGB.

Zwar kritisiert Fischer diese Ansicht, indem er erklärt, die Annahme von § 177 StGB im Falle einer tiefgreifenden Bewusstseinsstörung zeige ein merkwürdiges verkehrtes Verständnis des Rechtsguts des § 177 StGB. Denn wer einem Schlafenden etwas wegnimmt, würde eben gerade nicht nach § 249 StGB, sondern nach § 242 StGB bestraft, weil dessen Rechtsgut nicht die Willensfreiheit, sondern das Eigentum ist. Geschütztes Rechtsgut der sexuelle Nötigung sei, ebenso wie bei jeder anderen Nötigung die Willensfreiheit. Würde man aber einen generellen Willen genügen lassen, so würde sich das Rechtsgut in ein undifferenziertes „Verfügungsrecht" über den eigenen Körper auflösen, das für diejenigen, die nicht verfügen können (§§ 176, 179 StGB) oder deren Verfügungsfreiheit zweifelhaft ist (§§ 174 bis 174 c, 182 StGB), der Staat ausübt.[173]

Gegen diese Kritik ist aber einzuwenden, dass in § 177 I StGB im Unterschied zu § 249 StGB gerade das neue Nötigungsmittel der Nötigung "unter Ausnutzung einer Lage, in der das Opfer der Einwirkung des Täters schutzlos ausgeliefert ist" enthalten ist. Wer einem Schlafenden etwas wegnimmt handelt in der Regel zwar nicht "mit Gewalt", oder "durch Drohung mit gegenwärtiger Gefahr für Leib oder Leben", aber "unter Ausnutzung einer Lage, in der das Opfer der Einwirkung des Täters schutzlos ausgeliefert ist".

Auch das Argument, bei Schlafenden und Bewusstlosen fehle es an der erlebten Erniedrigung ist unzutreffend.

[172] so bereits Mittelbach, JR 1959, 345, 346 (Anm. zu BGH, Urt. v. 21.04.1959 – 5 StR 75/59); Sick, S. 123.
[173] T/F-Fischer, 51. Aufl., § 179 StGB, Rdnr. 9 a.

Denn das Verfügen des Täters über den Körper des Opfers während dessen Schlaf oder Bewusstlosigkeit und damit ohne seine Kenntnis, stellt für das Opfer nach Wiedererlangung des Bewusstseins eine ebenso erhebliche Erniedrigung dar und zieht psychische Probleme aufgrund der Erinnerungslücke nach sich.
Der Täter gewinnt eine Macht über das Opfer durch das Wissen über einen Moment im Leben des Opfers, von dem dieses kein Bewusstsein hat. Das Opfer bleibt von der Rekonstruktion des Tathergangs ausgeschlossen und ist dem Wissen und der Erzählung des Täters ausgeliefert.[174]

Darüber hinaus erleben auch sexuell missbrauchte Kinder zumindest nachträglich, mit wachsender Verstandesreife eine konkrete Erniedrigung aufgrund der Ausbeutung ihres Körpers durch eine ihnen vertraute Person in einem Macht- und Abhängigkeitsverhältnis. Welche massiven Folgen gerade ein sexueller Übergriff auf Kinder hat, zeigen die häufig in diesem Zusammenhang auftretenden Symptome wie Magersucht, Bulimie, Gebärmutterkrebs, Unfruchtbarkeit, Albträume, Kontakt- und Beziehungsschwierigkeiten usw.
Anhand dieser Symptome wird deutlich, dass die Schwere der Schuld bei Handlungen an diesem Personenkreis nicht geringer ist, als bei wehrfähigen Opfern, die einen entgegenstehenden Willen aktuell äußern.

Aus diesen Gründen wurde mit dem Gesetz zur Änderung der Vorschriften über die Straftaten gegen die sexuelle Selbstbestimmung und zur Änderung anderer Vorschriften vom 27.12.2003, welches zum 01.04.2004 in Kraft trat, der Strafrahmen der §§ 176, 176 a und 179 StGB erheblich verschärft und an § 177 StGB angepasst.

Vor der Strafrahmenangleichung verstieß die derzeit herrschende Auslegung gegen Art. 3 III 2 GG. Denn körperlich behinderte Menschen werden benachteiligt, wenn ein Täter, der sexuelle Handlungen an ihnen gegen ihren tatsächlichen, aber infolge ihrer Behinderung nicht geäußerten, entgegenstehenden Willen vornimmt, nur nach § 179 I Nr. 2 StGB und damit milder bestraft wird.[175] Insbesondere erlebt der körperlich behinderte Mensch in diesen Fällen aufgrund seines vorhandenen entgegenstehenden Willens dieselbe Erniedrigung, wie widerstandsfähige Personen.

Im Ergebnis ist also bei der sexuellen Nötigung ebenso wie bei der Organentnahme darauf abzustellen, ob ein zumindest konkludentes Einverständnis in die konkrete sexuelle Handlung vorlag. Denn bei der Organentnahme ist in der Regel der mutmaßliche Wille entscheidend, wenn keine Willensäußerung vorliegt. Aus der Wil-

[174] Künzel 2003, S. 136.
[175] Seit Einführung des "besonders schweren Falles" in § 179 III StGB kann der Täter nun ebenso bestraft werden wie nach § 177 I StGB, wenn die Voraussetzungen für die Annahme eines "besonders schweren Falles" vorliegen.

lenlosigkeit des Opfers durch dessen Tod wird also kein Recht zur Fremdbestimmung hergeleitet.[176]
Im Einzelfall ist aber insbesondere bei einer bereits bestehenden sexuellen Beziehung zwischen Täter und Opfer durchaus denkbar, dass eine generelle Erlaubnis vorliegt. In diesem Fall wäre zur Erfüllung des Tatbestandes ein durch das Opfer ausdrücklich ausgesprochenes Verbot bezüglich der sexuellen Handlung erforderlich.
Darüber hinaus kann auch in sonstigen Fällen im Einzelfall ein mutmaßlicher zustimmender Wille vorliegen, da der Wille seine genauere Ausprägung stets durch die natürlichen Anschauungen des täglichen Lebens erfährt.

Grundsätzlich nötigt der Täter das Opfer immer dann im Sinne des § 177 I Nr. 3 StGB, wenn er die sexuellen Handlungen ohne das ausdrücklich bzw. konkludent erteilte oder mutmaßliche Einverständnis des Opfers vornimmt und klare Indikatoren für einen entgegenstehenden Willen vorhanden sind.[177]

d. Voraussetzungen für ein wirksames Einverständnis

Im Gegensatz zur Einwilligung, die lediglich rechtfertigende Wirkung hat, kommt das tatbestandsausschließend wirkende Einverständnis bei Tatbeständen wie dem der sexuellen Nötigung in Betracht, bei denen die Tatbestandshandlung schon begrifflich ein Handeln gegen oder ohne den Willen des Verletzten voraussetzt.[178]
Dabei setzt ein wirksames Einverständnis eine bewusste innere Zustimmung des Opfers sowie dessen natürliche Willensfähigkeit voraus.

aa. Wirksame Zustimmung

Die Zustimmung muss freiwillig, d.h. frei von Zwang gegeben worden sein. Ein erzwungenes Einverständnis ist unbeachtlich, ebenso genügt ein bloßes Geschehenlassen oder passives Erdulden aus Furcht vor dem Täter nicht.
Willensmängel wie Irrtum und Täuschung sind hingegen unerheblich, so dass insbesondere auch ein durch Täuschung erschlichenes oder infolge Überredung erteiltes Einverständnis den Tatbestand ausschließt.[179]

[176] Oberlies in: Zinsmeister, S. 193.
[177] T/F-Fischer, § 123 StGB, Rdnr. 15.
[178] Roxin, Strafrecht AT, I § 13, Rdnr. 2.
[179] T/F-Fischer, § 123 StGB, Rdnr. 15.

So war z.B. im Fall des „Rotbarts von Tübingen", der zahlreiche Frauen durch die Vorspiegelung, er sei andernfalls in Gefahr, zu verblöden und zu erblinden, zur Aufnahme sexueller Beziehungen veranlasst hatte, Straflosigkeit anzunehmen.[180] Dasselbe gilt für die lebensnähere Konstellation, dass jemand sich die Einwilligung in den Geschlechtsverkehr durch ein nicht ernst gemeintes Heiratsversprechen erschleicht.

Anders als in den Fällen der §§ 185, 202, 203, 223, 266 StGB, in denen die Zustimmung zumindest konkludent zum Ausdruck gekommen sein muss, genügt im Falle der sexuellen Nötigung ebenso wie bei den Freiheitsdelikten der bloße innere zustimmende Wille für eine wirksame Zustimmung. Der Wille muss also nicht einmal konkludent nach außen hervortreten und für den Handelnden auch nicht erkennbar sein.[181]
Da § 177 StGB das höchstpersönliche Rechtsgut der freien Selbstbestimmung über den eigenen Körper uneingeschränkt schützt, ist ein einmal gegebenes Einverständnis jederzeit während des Verkehrs widerruflich.[182]

bb. natürliche Willensfähigkeit

Das Opfer muss die Fähigkeit haben, einen natürlichen Willen zu bilden. Anders als bei der Einwilligung ist für ein wirksames Einverständnis dabei keine besondere Einwilligungsfähigkeit bzw. Einsichtsfähigkeit erforderlich, so dass auch an geistig kranken Menschen oder Kindern, die mit dem fraglichen Geschehen einverstanden sind, keine sexuellen Handlungen gegen ihren Willen durchgeführt werden.[183]

Die Zustimmung in sexuelle Handlungen ist also nicht schon bei einem Defizit unwirksam, das nach allgemeinen Regeln eine Einwilligung unbeachtlich machen würde, sondern erst bei einem so starken Defizit, dass das Opfer nicht mehr als verantwortlich nach §§ 20, 21 StGB anzusehen wäre, wenn es eine Straftat begehen würde.[184]

Bereits das Reichsgericht führte in seinem Urteil vom 19.06.1880[185], in dem über die Strafbarkeit der Zueignung einer von einem geistig kranken Menschen übergebenen Uhr zu entscheiden war aus, dass bestimmte Personen als handlungsunfähig anzusehen seien, weil bei ihnen die Fähigkeit zu klaren Vorstellungen und der Wille zu ihrer Realisierung fehlen, beziehungsweise diese Vorbedingungen zwar vorhanden

[180] Roxin, Strafrecht AT, § 13 VII, Rdnr. 76; OLG Stuttgart, NJW 1962, 62; Arzt, JuS 1982, 725.
[181] Roxin, Strafrecht AT, § 13 I, Rdnr. 5; IV, Rdnr. 46.
[182] BGH GA 1970, 57 (Urt. v. 16.0.1969 – 4 StR 83/69).
[183] S/S-Lenckner, v. § 32 StGB, Rdnr. 32; Roxin, Strafrecht AT, § 13 I StGB, Rdnr. 6.
[184] vgl. Arzt, JuS 1982, 717, 726.
[185] RGSt. 2, 332.

sind, aber die Einsicht in die Entwicklung der Folgen der Handlung fehlt. Die Willensakte dieser Personen sollen in diesen Fällen zu ihrem Schutz vor Verlust keine rechtlichen Wirkungen hervorbringen.
Kann eine geistig kranke Person allerdings den natürlichen Willen haben, eine Sache zu behalten, so kann man ihr auch nicht den Willen absprechen, die Sache an eine andere Person wegzugeben.

Kann das Opfer demgegenüber keinen natürlichen Willen bilden, so wird normalerweise seine Dispositionsfreiheit beschränkt bzw. aufgehoben und an seiner Stelle durch den Sorgeberechtigten ausgeübt, der nach geltendem Recht zugleich der gesetzliche Vertreter ist.[186]
Bei Minderjährigen sind normalerweise die Eltern (§ 1626 BGB), gegebenenfalls auch die nichteheliche Mutter (§ 1705 BGB) oder ein Vormund (§ 1793 BGB) sorgeberechtigt, bei Volljährigen kann das Vormundschaftsgericht gemäß §§ 1896 f, 1901 BGB für die Personensorge einen Betreuer bestellen.

Bei der Ausübung des sexuellen Selbstbestimmungsrechts handelt es sich aber um eine unvertretbare Entscheidung existentieller Art, so dass Stellvertretung in diesem Bereich nicht möglich ist. Wenn dem Opfer in einem solchen Falle die erforderliche Einsicht fehlt, kann sein Einverständnis nicht durch das des gesetzlichen Vertreters ersetzt werden.[187]

Auf der anderen Seite sind auch Minderjährige und geistig behinderte Menschen Inhaber aller Menschenrechte des Grundgesetzes, so dass auch sie die grundrechtlich geschützte Freiheit zur Erteilung oder Versagung einer Zustimmung haben müssen.

Über die Fälle des rein faktischen Fehlens der Ausübungsfähigkeit (z.B. Ausübung von Handlungsgrundrechten durch Handlungsunfähige) darf die Grundrechtsausübung von Rechts wegen nur mit einer besonderen Rechtfertigung eingeschränkt werden.
Als allgemeiner Rechtfertigungsgrund dieser Art kommt im vorliegenden Zusammenhang das Sozialstaatsprinzip in Betracht. Es gebietet, Schwache davor zu bewahren, dass sie im Daseinskampf untergehen. Nach dem Bundesverfassungsgericht gilt dies z.B. für psychisch Kranke, die nicht in der Lage sind, sich selbst vor Schaden zu schützen.[188]

[186] Roxin, Strafrecht AT, § 13 II, Rdnr. 16; Amelung, ZStW 104 (1992), S. 825.
[187] Roxin, Strafrecht AT, § 13 VI, Rdnr. 64; a.A. MünchKommStGB-Renzikowski, § 179 StGB, Rdnr. 36, der die Ansicht vertritt, dass der zur Personensorge Berechtigte auf Grund seiner besonderen Kenntnisse am ehesten darüber befinden könne, was seinem Schützling zuträglich ist und deswegen auf die stellvertretende Einwilligung des Sorgeberechtigten zurückgegriffen werden müsse.
Hiergegen ist anzuführen, dass der Sorgeberechtigte häufig gerade keine ausschließlich am psychischen und physischen Wohl des Widerstandsunfähigen orientierte Entscheidung treffen kann, da er entweder selbst Täter ist, oder aber in seine Entscheidung auch andere Überlegungen mit einfließen.
[188] BVerfGE 40, 121, 133; 44, 353, 375; 58, 209, 225.

Infolge dessen kann aus dem Sozialstaatsprinzip in Verbindung mit der Verpflichtung des Staates zum Schutz der Menschenwürde auch die Berechtigung abgeleitet werden, die Einwilligungsfreiheit von Personen einzuschränken, die wegen geistiger Mängel zur Selbstbehauptung nicht im Stande sind.
Gerechtfertigt durch das Sozialstaatsprinzip sind dabei allerdings nur Freiheitsbeschränkungen zur Sicherung einer menschenwürdigen Existenz des Beschränkten, nicht aber Maßnahmen, die ihn zu einem neuen Menschen erziehen sollen.[189]

e. Bedenken gegen diese Auslegung

aa. Bedenken im Hinblick auf § 177 I Nr. 1 und 2 StGB

Zwar führt diese sehr weite Auslegung des Begriffs „Nötigung“ in § 177 I Nr. 3 StGB dazu, dass sich der Anwendungsbereich des § 177 I Nr. 3 StGB mit dem der § 177 I Nr. 1 und 2 StGB teilweise überschneidet.
Da § 177 I Nr. 3 StGB neben der Nötigung aber auch die Ausnutzung einer schutzlosen Lage durch den Täter verlangt, besteht jedenfalls bei Fehlen dieser zweiten Voraussetzung ein eigenständiger Anwendungsbereich für die 1. und 2. Alternative des § 177 I StGB.

bb. Bedenken im Hinblick auf den Bestimmtheitsgrundsatz

Ein Verstoß gegen den Bestimmtheitsgrundsatz des Art. 103 II GG liegt durch die hier vertretene Auslegung des Begriffs "gegen den Willen" nicht vor.

Zwar ist der Gesetzgeber nach diesem Grundsatz verpflichtet, die Voraussetzungen der Strafbarkeit so konkret zu umschreiben, dass Tragweite und Anwendungsbereich der Straftatbestände zu erkennen sind und sich durch Auslegung ermitteln lassen.
Bei der hier vertretenen Auslegung ist aber für den Straftäter das Risiko einer Bestrafung erkennbar. Denn die interpretationsbedürftigen Merkmale "gegen den Willen" können mit den Mitteln herkömmlicher Gesetzesanwendung verfassungskonform ausgelegt werden[190], zumal es sich um eine nahezu identische Auslegung wie beim Hausfriedensbruch nach § 123 StGB und beim Gebrauchsdiebstahl gemäß § 248 b StGB handelt.

[189] BVerfGE 22, 180, 219 ff; Amelung, ZStW 104 (1992), 827, 828.
[190] BVerfGE 87, 209, 225 (Beschl. v. 20.10.1992 – 1 BvR 698/89).

Die von Sick vertretene Ansicht[191], dass im Gegensatz zu den Delikten der §§ 123 StGB und 248 b StGB bei § 177 StGB eine so weite Umschreibung im Hinblick auf die hohe Strafandrohung problematisch sei, ist abzulehnen.
Zwar ist richtig, dass die Anforderungen an die gesetzliche Bestimmtheit umso höher sind, je schwerer die angedrohte Strafe ist. Aber das Gebot der Bestimmtheit des Gesetzes darf auch nicht übersteigert werden, da die Gesetze sonst zu starr würden und dem Wandel der Verhältnisse oder der Besonderheit des Einzelfalls nicht mehr gerecht werden könnten.[192]
Darüber hinaus handelt es sich bei dem Merkmal "gegen den Willen" nicht um eine Generalklausel, sondern um ein verfassungskonform in Anlehnung an § 123 StGB auslegbares Merkmal, zu dessen Konkretisierung durch die Parallele zu § 123 StGB sogar auf eine jahrelange Rechtsprechung zurückgegriffen werden kann.

cc. Bedenken im Hinblick auf den Grundsatz „nulla poena sine lege“

Das in Art. 103 II GG verankerte Verbot rückwirkender Strafbegründung und Strafschärfung verbietet die Anwendung eines Gesetzes auf Taten, die vor Inkrafttreten des Gesetzes begangen worden sind und damals überhaupt nicht oder milder strafbar waren.[193]
Eine solche Rückwirkung ist mit der hier vorgeschlagenen Auslegung des Begriffs „Nötigung“ jedoch nicht beabsichtigt, da die vor Inkrafttreten des § 177 I Nr. 3 StGB begangenen Taten nicht von der Vorschrift erfasst werden.

Darüber hinaus liegt in der von § 177 I Nr. 1 und 2 StGB abweichenden Auslegung des Begriffs „Nötigung“ in § 177 I Nr. 3 StGB auch keine Änderung der höchstrichterlichen Rechtsprechung zulasten des Straftäters, die aber unabhängig davon auch keine Rückwirkung darstellen würde.[194]

dd. Bedenken im Hinblick auf das Analogieverbot

Die Auslegung verstößt auch nicht gegen das Verbot strafbegründender Analogie gemäß Art. 103 II GG.

Unter Analogie ist die Übertragung einer gesetzlichen Regel auf einen gesetzlich nicht geregelten Einzelfall zu verstehen. Es handelt sich dabei um eine Methode

[191] Sick, S. 334, 335.
[192] vgl. BVerfGE 14, 245, 251 (Beschl. v. 25.07.1962 – 2 BvL 4/62); BVerfGE 26, 41, 43 (Beschl. v. 14.05.1969 – 2 BvR 238/68).
[193] Piroth/Schlink, Staatsrecht II, Rdnr. 1177.
[194] vgl. BVerfG NJW 1995, 125 f.

richterlicher Rechtsfortbildung zur Auffindung und Ausfüllung von planwidrigen und nicht schon durch Auslegung schließbaren Regelungslücken.[195]

Soweit täterbelastende Auswirkungen in Frage stehen, stellt sich das Problem der Grenzziehung zwischen zulässiger belastender Auslegung und verbotener Analogie, der auch eine objektiv willkürliche und damit nicht vorausberechenbare Auslegung des materiellen Strafrechts zuungunsten des Täters gleichsteht.[196]

Gemäß Art. 103 II GG verboten ist jede Rechts-"Anwendung" zu Lasten des Täters, "die über den Inhalt einer gesetzlichen Sanktionsnorm hinausgeht"[197], wenn das Gesetz also auf ein Verhalten angewandt wird, auf das es sich nicht erkennbar erstreckt.[198]

Im Unterschied dazu ist die Auslegung im Strafrecht ebenso möglich und notwendig, wie auf anderen Rechtsgebieten. Ziel der Auslegung ist die "Sinnermittlung von Rechtssätzen zum Zwecke ihrer Anwendung auf konkrete Sachverhalte".[199] Die Auslegung muss jedoch noch innerhalb des durch den Tatbestand gezogenen begrifflichen Rahmens bleiben, denn der mögliche Wortsinn des Gesetzes markiert die äußerste Grenze zulässiger richterlicher Interpretation.[200]

Mit der vorgeschlagenen Auslegung des Begriffs „Nötigung“ in § 177 I Nr. 3 StGB als "Durchführung sexueller Handlungen gegen den generellen Willen des Opfers" wird der allgemeine Wortsinn des Begriffs nicht überschritten.

Darüber hinaus ist bei Berücksichtigung des Bedeutungszusammenhangs festzustellen, dass der entgegenstehende Wille auch in anderen Vorschriften wie z.B. §§ 123, 239 und 249 StGB ebenso ausgelegt wird.

Schließlich spricht auch der mit Einführung des § 177 I Nr. 3 StGB bezweckte Sinn, Strafbarkeitslücken zu schließen dafür, lediglich einen generellen entgegenstehenden Willen des Opfers zu fordern, da nur so alle Fallgruppen, die von § 177 I Nr. 3 StGB erfasst werden sollen auch tatsächlich erfasst werden können.

[195] BVerfGE 64, 389, 394 (Beschl. v. 05.07.1983 - 2 BvR 200/81).

[196] BVerfGE 64, 389, 394 (Beschl. v. 05.07.1983 – 2 BvR 200/81).

[197] BVerfG, NJW 86, 1671, 1672 (Beschl. v. 23.10.1985 – 1 BvR 1053/82); BVerfGE 92, 1, 12 (Beschl. v. 10.01.1995 – 1 BvR 718, 719, 722, 723/89); S/S-Eser, § 1 StGB, Rdnr. 24.

[198] BGHSt 8, 66, 70 (Beschl. v. 13.07.1955); S/S-Eser, § 1 StGB, Rdnr. 55.

[199] BGH NStZ 95, 79; 96, 80.

[200] BVerfG, NJW 86, 1671, 1672 (Beschl. v. 23.10.1985 – 1 BvR 1053/82); BVerfGE 92, 1, 12 (Beschl. v. 10.01.1995 – 1 BvR 718, 719, 722, 723/89); S/S-Eser, § 1 StGB, Rdnr. 24.

4. Vorsatz des Täters

Der subjektive Tatbestand des § 177 StGB setzt Vorsatz, d.h. Wissen und Wollen der Tatbestandsverwirklichung voraus, wobei bedingter Vorsatz genügt.

Vom Vorsatz des Täters müssen alle Merkmale des objektiven Tatbestandes umfasst sein. Er muss sich also auf die "schutzlose Lage" des Opfers, auf die "Nötigung unter Ausnutzen" und den Kausalzusammenhang zwischen Nötigung und sexueller Handlung beziehen.

a. Vorsatz bezüglich der schutzlosen Lage

Der Täter muss die Umstände kennen, aus denen sich die eingeschränkte Schutz- und Verteidigungsmöglichkeit des Opfers ergibt.
Dies wird schon dann angenommen, wenn er dem Opfer körperlich überlegen ist und mit fremder Hilfe im Tatzeitpunkt nicht zu rechnen war.
In diesem Fall ist unerheblich, wie der Täter selbst die Lage des Opfers einschätzt. Er kann sich dann nicht darauf berufen, er hätte das schutzlose Ausgeliefertsein des Opfers nicht erkannt.[201]

b. Vorsatz hinsichtlich der Nötigung unter Ausnutzung

Das Opfer muss vom Täter bewusst unter Ausnutzung seiner schutzlosen Lage zu sexuellen Handlungen genötigt werden.
Dabei liegt ein zumindest bedingter Vorsatz immer dann vor, wenn der Täter das Bewusstsein hat, gegen den Willen des Opfers zu handeln.
Für das Nötigungsmittel "Gewalt" wird dies von der Rechtsprechung des BGH schon dann bejaht, wenn der Täter wenigstens mit der Möglichkeit ernsten Widerstands beim Opfer rechnet, sich aber dennoch von seinem Vorgehen nicht abhalten lässt.[202]
Dementsprechend ist bei § 177 I Nr. 3 StGB ein bedingter Vorsatz anzunehmen, wenn der Täter erkannt hat, dass das Opfer nur deshalb keinen Widerstand leistet, weil es ihn angesichts seiner schutzlosen Lage für aussichtslos hält. Denn dann hat er die Möglichkeit erkannt, dass er die sexuellen Handlungen gegen den Willen des Opfers vornimmt und handelt infolge dessen vorsätzlich.[203]

[201] Mildenberger, S. 84; S/S-Eser, 25. Aufl., § 237 StGB a.F., Rdnr. 17.
[202] sog. Möglichkeitstheorie, vgl. BGH GA 1956, 316, 317 (Urt. v. 14.07.1955 – 1 StR 728/54); RG JW 1935, 2734 (Entsch. v. 20.06.1935 – 3 D 413/35); Sick, S. 167.
[203] Mildenberger, S. 85.

Das Reichsgericht[204] vertrat sogar die Ansicht, dass ein bedingter Vorsatz in der Regel nur dann auszuschließen sein wird, wenn der Täter sich vor dem Vollzug des Aktes über die Einwilligung der Angegriffenen Gewissheit verschafft hat.

c. Vorsatz hinsichtlich des Ursachenzusammenhangs

Der Täter muss nicht nur die schutzlose Lage des Opfers ausnutzen und es zu sexuellen Handlungen nötigen, er muss darüber hinaus die „spezifische Verknüpfungsvorstellung" haben, dass er die sexuellen Handlungen gerade unter Ausnutzung der schutzlosen Lage erzwingt.
Anders als bei den Nötigungsmitteln Gewalt und Drohung mit gegenwärtiger Gefahr für Leib oder Leben ist es allerdings bei der Ausnutzungsalternative nicht möglich, den Sexualkontakt von der Nötigung unter Ausnutzung einer schutzlosen Lage zu trennen, da Nötigungsmittel und Nötigungszweck bei dieser Alternative nicht auseinander fallen können.[205]

d. Beweisprobleme

Bei nicht geständigen Tätern ist es unvermeidlich, unter Heranziehung allgemeiner Erfahrungssätze aus den objektiven Anhaltspunkten auf die innere Einstellung des Täters zu schließen.[206]
Durch die bisherige Rechtsprechung wurden hierbei für leugnende Täter zahlreiche Exkulpationsmöglichkeiten geschaffen.
Eine dieser Möglichkeiten zeigt deutlich der sog. Lederpeitschenfall[207], dem der folgende Sachverhalt zugrunde lag:

> Der Täter brachte das Opfer gewaltsam in eine Wohnung und bedrohte es dort mit einer Lederpeitsche, woraufhin das Opfer sich aus Angst vor Schlimmerem entschloss, ihm vorzuspiegeln, dass es mit dem Geschlechtsverkehr einverstanden sei.

Obwohl auch der BGH die Ansicht vertrat, es handelte sich lediglich um ein „scheinbares" Einverständnis, wurde der Täter trotz Vollendung des Beischlafs nur wegen versuchter Vergewaltigung bestraft. Da der Täter nur am Anfang mit Verge-

[204] RG JW 1935, 2734 (Entsch. v. 20.06.1935 – 3 D 413/35) für den Fall einer Gewaltanwendung; so auch BGH GA 1956, 316, 317 (Urt. v. 14.07.1955 – 1 StR 728/54).
[205] Mildenberger, S. 90.
[206] Sick, S. 168.
[207] BGH (Urt. v. 07.11.1972 – 1 StR 483/72), bei Dallinger, MDR 1973, 191.

waltigungsvorsatz handelte, nahm der BGH einen Irrtum über das nachträgliche Einverständnis an.[208]

Eine andere immer wieder verwendete Exkulpationsstrategie ist die sogenannte "vis haud ingrata".[209] Hierbei handelt es sich um eine Sonderkonstruktion der "geschlechtsspezifischen Situationsverkennung".

Da sich der Vorsatz des Täters nach ständiger Rechtsprechung des BGH[210] darauf erstrecken musste, dass der Täter "weiß oder billigend in Kauf nimmt", einen "erwarteten oder begonnenen, ernsthaft gemeinten Widerstand" des Opfers auszuschalten, wurde der Vorsatz verneint, wenn der Täter den Widerstand des Opfer nur für ein nicht ernsthaftes Sträuben hielt und davon ausging, dass das Opfer mit "Nein" tatsächlich "Ja" meinte.
Dieser Irrtum über das Einverständnis wird überwiegend als Tatbestandsirrtum behandelt, der gemäß § 16 StGB zum Vorsatzausschluss führt.[211] Das hat zur Konsequenz, dass der Täter straflos bleibt, da es eine fahrlässige Vergewaltigung nicht gibt.

Allerdings wird teilweise insofern eine Einschränkung gemacht, als sich der Täter über das Einverständnis des Angegriffenen durch vorherige Einholung von Information Gewissheit verschafft haben muss.[212] Die Rechtsprechung verlangt damit eine Art Sorgfaltspflicht ähnlich der Vermeidbarkeitsklausel des Verbotsirrtums, um die Berufung auf einen Irrtum über das Einverständnis des Opfers einzuschränken.[213]

Die Rechtsfigur der "vis haud ingrata" ist spätestens seit Einführung der Ausnutzungsvariante nicht mehr mit den Zielen des Gesetzgebers vereinbar.
Denn ausweislich der Gesetzesmaterialien[214] sollen mit der Ausnutzungsvariante gerade die Fälle erfasst werden, in denen sich das Opfer aus Angst nicht gegen sexuelle Handlungen des Täters zur Wehr setzt. Dieses Ziel kann aber nicht erreicht

[208] Sick, S. 168 ist insofern zuzustimmen, als es sich bei der Entscheidung um ein Fehlurteil handelt und ein Vorsatzausschluss in einem parallelen Fall, in dem der Täter durch Drohung mit einer Lederpeitsche das Opfer zur Herausgabe des Geldes nötigt nicht in Betracht käme, sondern trotz Vortäuschen eines Einverständnisses keine freiwillige Schenkung, sondern eine räuberische Erpressung angenommen werden würde.
[209] "nicht unwillkommene Gewalt".
[210] z.B. BGH NJW 1968, 1888 (Urt. v. 22.05.1968 – 4 StR 36/68); BGH NStZ 1982, 26 (Beschl. v. 20.10.1981 – 5 StR 572/81); BGH NStZ 1983, 71 (Urt. v. 13.10.1982 – 3 StR 137/82).
[211] Kruse/Sczesny, KJ 1993, 345; Sick, S. 168 will hingegen einen Tatbestandsirrtum nur annehmen, wenn in einem gleich gelagerten Fall bei einem Raub oder einer Erpressung dasselbe Opferverhalten aus Sicht des Täters als freiwillige Schenkung beurteilt würde.
[212] BGH GA 1956, 316, 317 (Urt. v. 14.07.1955 – 1 StR 728/54); RG JW 1935, 2734 (Entsch. v. 20.06.1935 – 3 D 413/35); BGH NStZ 1983, 71 (Urt. v. 13.10.1982 – 3 StR 137/82).
[213] vgl. Sick, S. 194.
[214] BT-Drucks. 13/7324, S. 4; BT-Drucks. 13/2463, S. 5.

werden, wenn dem Täter weiterhin die Möglichkeit gegeben wird durch die Behauptung, er sei trotz der erkannten schutzlosen Lage und trotz eindeutiger Indikatoren für einen entgegenstehenden Willen aufgrund des fehlenden oder nur schwachen Widerstandes des Opfers davon ausgegangen, es sei mit den sexuellen Handlungen einverstanden gewesen.[215]

e. Stellungnahme

Oberlies ist zuzustimmen, dass im Sexualstrafrecht noch immer der Grundsatz gilt: "Wer nicht nein sagt oder sagen kann, sagt ja - oder doch vielleicht".[216]
Anders als im Sexualstrafrecht wird beispielsweise beim Diebstahl ein Vorsatz des Täters in Bezug auf den Gewahrsamsbruch selbstverständlich angenommen, wenn er eine fremde, bewegliche Sache an sich nimmt.[217]

Aufgrund des geänderten Sexualverhaltens in der heutigen Zeit ist es nun angebracht, sich auch von der veralteten Vorstellung des "sich lediglich zierenden Opfers" zu lösen.
Realitätsnäher ist es vielmehr, einen bedingten Vorsatz des Täters immer dann anzunehmen, wenn der Täter eine sexuelle Handlung vornimmt, ohne auf das Vorliegen eines Einverständnisses vertrauen zu können, d.h. wenn er die Möglichkeit, gegen den Willen des Opfers zu handeln nicht ausschließen kann.
Dies ist wiederum dann anzunehmen, wenn der Täter sich dem verschließt, was jedem „normalen" Menschen einleuchtet, weil die Situation objektiv aufgrund eindeutiger Indikatoren für einen entgegenstehenden Willen keinen anderen Schluss zulässt.

So führte auch der BGH in seinem Urteil vom 14.07.1955 für Fälle der Gewaltanwendung Folgendes aus:

> "Wie das RG in ständiger Rechtsprechung ausgesprochen hat[218], wird der bedingte Vorsatz bei der Gewaltanwendung im Rahmen der §§ 176 I Nr. 1, 177 StGB regelmäßig nur dann fehlen, wenn der Täter sich vorher über die Einwilligung der Angegriffenen Gewissheit verschafft hat".[219]

[215] so auch Mildenberger, S. 87.
[216] Oberlies, ZStW 2002, 145.
[217] S/S-Eser, § 242 StGB, Rdnr. 45.
[218] vgl. u.a. RG JW 1909, 295; 1935, 2734; 1938, 2734.
[219] BGH GA 1956, 316, 317 (Urt. v. 14.07.1955 –1 StR 728/54).

Auch sei in dem bloßen Dulden des Aktes infolge der Gewalt kein Einverständnis und keine freiwillige Handlung des Angegriffenen zu sehen.[220]

Diese Ausführungen sind unproblematisch auch auf die von § 177 I Nr. 3 StGB erfassten Fälle übertragbar. Die "vorherige Einholung des Einverständnisses" ist dabei nicht im formal-zivilrechtlichen Sinne gemeint. Der „Täter" soll sich lediglich in jedem Stadium seiner Annäherung darüber Gewissheit verschaffen, dass das, was er zu tun im Begriff ist, auch von der anderen Person noch gewollt ist.[221]
Ein Vorsatzausschluss wird nur dann angenommen, wenn der Täter seine „Prüfungspflicht" erfüllt, sich also des Einverständnisses des Opfers sorgfältig vergewissert hat.[222]

Zusammenfassend bedeutet dies, dass ein Perspektivenwechsel dergestalt vorzunehmen ist, dass jedenfalls bei Vorliegen klarer Indikatoren für einen entgegenstehenden Willen nicht das Opfer sich rechtfertigen muss, ob es dem Täter den entgegenstehenden Willen hinreichend deutlich gemacht hat, sondern der Täter seine sozial bedingte Wahrnehmung der Situation in das Verfahren einbringen und hierdurch nachweisen muss, dass er keinen Vorsatz hatte.[223]

V. Verhältnis von § 177 I Nr. 3 StGB zu § 177 I Nr. 1 und 2 StGB

Die als "Auffangtatbestand" eingefügte Nr. 3 des § 177 I StGB steht selbständig neben den Alternativen "Nötigung mit Gewalt" in § 177 I Nr. 1 StGB und "Nötigung durch Drohung mit gegenwärtiger Gefahr für Leib oder Leben".

Dies ergibt sich zum einen aus den Gesetzesmaterialien, wonach die "Ausnutzung einer Lage, in der das Opfer der Einwirkung des Täters schutzlos ausgeliefert ist", ausdrücklich als dritte Alternative neben die Tatmittel "Gewalt" und "Drohung mit gegenwärtiger Gefahr für Leib oder Leben" gestellt werden sollte.[224]

Außerdem war auch vor dem Inkrafttreten des 33. Strafrechtsänderungsgesetzes anerkannt, dass § 177 StGB a.F. in Tateinheit mit § 237 StGB a.F. stand, sofern der Täter neben der Entführung gegen den Willen der Entführten auch die hilflose Lage der Entführten zur Erzwingung des Geschlechtsverkehrs ausnutzte. Dass der Gesetzgeber an diesem Verhältnis etwas ändern wollte, ist nicht ersichtlich.

Diese Auslegung wird durch den Wortlaut des § 177 I StGB bestätigt, der die drei Alternativen jeweils durch das Wort "oder" verknüpft und damit als gleichrangig

[220] vgl. RG JW 1935, 2734.
[221] Maurach, S. 308.
[222] SK-Horn/Wolters, § 177 StGB, Rdnr. 17.
[223] Frommel, in: Battis/Schultz, 1990, S. 271.
[224] BT-Drucks. 13/2463, S. 5; BT-Drucks. 13/7324, S. 6.

behandelt. Auch die Rechtsprechung behandelt die in § 177 I Nr. 3 StGB eingefügte Alternative als gleichrangig im Verhältnis zu den beiden anderen Alternativen der Vorschrift.[225]
Da § 177 I Nr. 3 StGB also nicht nur im Sinne eines subsidiär eingreifenden Tatbestandes zu verstehen ist, kann er auch dann eingreifen, wenn bereits eine der beiden anderen Alternativen erfüllt ist. In diesem Fall liegt aber dennoch nur eine Tat nach § 177 StGB vor.

VI. Regelbeispiele des §177 II StGB und Qualifikationen gemäß § 177 III StGB

1. Gründe für die unterschiedliche Ausgestaltung

Durch das 33. Strafrechtsänderungsgesetz wurde die Vergewaltigung, die bisher als ein das tatbestandliche Unrecht der sexuellen Nötigung qualifizierender Spezialfall geregelt war, umgestaltet in ein Regelbeispiel eines besonders schweren Falles und damit zu einer Strafzumessungsregel.

Zwar sind auch Regelbeispiele für besonders schwere Fälle tatbestandsähnlich, da sie einen gegenüber dem Grundtatbestand erhöhten Unrechts- und Schuldgehalt typisieren, und sich infolge dessen im Wesen nicht tiefgreifend von selbständigen Qualifikationstatbeständen unterscheiden.[226]

Aber im Unterschied zu den Qualifikationstatbeständen, bei welchen das tatbestandliche Unrecht mit einer zwingenden Mindeststrafe geahndet wird, hat das Gericht bei der Regelbeispielstechnik die Möglichkeit, den besonders schweren Fall trotz vollzogenem Beischlaf zu verneinen.[227] Insbesondere kann nun die Indizwirkung des Regelbeispiels für einen besonders schweren Fall entfallen, wenn keine besondere Erniedrigung des Opfers erkennbar ist oder eine umfassende Gesamtwür-

[225] BGHSt 44, 228 (Urt. v. 03.11.1998 – 1 StR 521/98);
der Entscheidung lag der folgende Sachverhalt zugrunde:
Auf dem Rückweg von einer Besprechung fuhr der Angeklagte mit der Geschädigten trotz deren Bitte, sie aussteigen zu lassen auf einen Parkplatz „vor einem kleinen Waldstück, keine 100 m vom nächsten Wohnhaus des Wohngebietes entfernt". Die verängstigte Geschädigte, die in einem Wohnhaus Licht gesehen hatte, versuchte mehrfach, zu dem Haus zu gelangen, wurde jedoch vom Angeklagten festgehalten und wieder in das Auto gezogen. Nach dem letzten Versuch zu fliehen „packte er ihre Hand und trug die Widerstrebende zurück zum Wagen". Dort führte er gegen den Willen der sich wehrenden Geschädigten den ungeschützten Geschlechtsverkehr aus.

[226] BGHSt 33, 370, 374 (Beschl. v. 18.11.1985 – 3 StR 291/85).

[227] Gössel 1999, 187; BGHSt 33, 370, 375 (Beschl. v. 18.11.1985 - 3 StR 291/85) zu § 243 I 2 Nr. 1 StGB.

digung des Einzelfalls unter Einbeziehung vertypter Strafmilderungsgründe gegen eine Anwendung des § 177 II StGB spricht.
Das Gericht kann dann unter Verneinung des besonders schweren Falles den Grundtatbestand des § 177 I StGB mit einer Mindeststrafe von 1 Jahr anwenden.[228]

Die im Unterschied zu den starren Qualifikationen flexible Handhabung ermöglicht es zum einen, auch außerhalb der benannten Strafschärfungsgründe einen unbenannten schweren Fall anzunehmen.

Zum anderen können auch Grenzfälle adäquat erfasst werden, die bisher durch Anwendung des unbenannten minder schweren Falles des § 177 II StGB a.F. geringer bestraft wurden.[229]
Dieser wurde abgeschafft um den Gerichten die Möglichkeit zu nehmen, weiterhin Milderungsgründe wie etwa die Nähe der Täter-Opfer-Beziehung, die Risikobereitschaft des Opfers oder fehlende Unbescholtenheit als Anlass für eine Strafrahmenmilderung zu nehmen.

Die Möglichkeit einer Strafrahmenmilderung ist deswegen so bedeutsam, weil in § 177 II StGB eine Mindeststrafe von 2 Jahren vorgesehen ist.
Aufgrund der in § 56 StGB vorgesehenen Grenze von zwei Jahren kann eine Freiheitsstrafe aber nur dann zur Bewährung ausgesetzt werden, wenn ein minder schwerer Fall oder der denkbar mildeste Fall nach § 177 II StGB vorliegt.

An der Ausgestaltung der § 177 II und III StGB wird zwar vereinzelt kritisiert, dass eine plausible durchgehende Stufung des Unrechts- und Schuldgehalts der betreffenden Taten fehle. So sei insbesondere die Erzwingung besonders erniedrigender Sexualpraktiken im Sinne des § 177 II 2 Nr. 1 StGB nicht weniger strafwürdig, als die normal schwere Nötigung unter Mitnahme oder Verwendung ungefährlicher Hilfsmittel im Sinne des § 177 III Nr. 2 StGB.[230]
In diesem Zusammenhang ist aber darauf hinzuweisen, dass die 1998 in § 177 III und IV StGB eingefügten Qualifikationstatbestände in ihrer Struktur und ihrem Strafmaß dem § 250 StGB n.F. entsprechen.
Bezweckt wurde damit die Beseitigung der früher bestandenen Wertungswidersprüche zwischen dem strafrechtlichen Schutz der sexuellen Selbstbestimmung auf der einen Seite, sowie Raub und Erpressung auf der anderen Seite.

[228] NK-StGB-Frommel, 2005, § 177 StGB, Rdnr. 77 ff, 81 ff.
[229] als Beispiel hierfür führt MünchKommStGB-Renzikowski, § 177 StGB, Rdnr. 61 den Fall an, dass der Täter zwei andere Personen zum Beischlaf miteinander zwingt, ebenso wie den Fall einer lediglich versuchten Vergewaltigung nach § 177 II Nr. 1 StGB.
[230] S/S-Lenckner/Perron, v. § 174 StGB, Rdnr. 7.

2. Besondere Erniedrigung des Opfers gemäß § 177 II 2 Nr. 1 StGB

Die Vorschrift des § 177 II 2 Nr. 1 StGB erfasst als Regelbeispiel für einen besonders schweren Fall die besondere Erniedrigung des Opfers durch sexuelle Handlungen, insbesondere wenn sie mit einem Eindringen in den Körper verbunden sind.

a. Gründe für die gewählte Formulierung

Durch die Gesetzestechnik der besonders schweren Fälle mit Regelbeispielen werden dem erzwungenen Beischlaf ähnliche sexuelle Handlungen gleichgestellt, die das Opfer besonders erniedrigen. Hiermit wird vor allem das Eindringen des Geschlechtsgliedes in den Körper als orale oder anale Penetration erfasst. Aber auch das Eindringen mit Gegenständen kann eine in gleicher Weise belastende und erniedrigende Verhaltensweise darstellen.

So wurde in neueren Untersuchungen festgestellt, dass weder hinsichtlich Tatschwere, noch hinsichtlich der Auswirkungen der Tat auf das Opfer ein grundsätzlicher Unterschied zwischen den Penetrationsformen feststellbar ist Vielmehr werden andere mit einem Eindringen verbundene Sexualpraktiken ebenso als besonders erniedrigend empfunden, da traumatisierend primär das Eindringen ins Körperinnere ist.[231]

Für die besondere Hervorhebung der Vergewaltigung im Bereich gewaltsamer sexueller Handlungen kann auch das Argument der Gefahr kriminell erzwungener und damit unerwünschter Schwangerschaften nicht mehr angeführt werden[232].
Denn dieses ist zum einen durch die Erweiterung des Opferkreises auf Männer hinfällig, und wurde zum anderen bereits durch die Rechtsprechung zum alten Recht entkräftet, die eine Vergewaltigung auch bei Opfern annahm, bei welchen aufgrund ihres jugendlichen Alters oder wegen pathologischer Störungen keine Schwangerschaft verursacht werden konnte.[233]

Maßgeblich ist stattdessen vor allem die mit dem Eindringen verbundene brutale Erniedrigung des Opfers und die besonders massive Beeinträchtigung seiner sexuellen Selbstbestimmung[234], ferner die insbesondere auch bei Oral- und Analverkehr bestehende Gefahr einer HIV-Infektion und die entsprechende Angst des Opfers davor.[235]

[231] BT-Drucks. 13/2463, S. 4; Sick, MSchrKrim 1995, 287; vgl. auch die Nachweise bei NK-StGB-Frommel, § 177 StGB, Rdnr. 8.
[232] so noch BGH St 16, 175, 177.
[233] NK-StGB-Frommel, § 177 StGB, Rdnr. 8.
[234] BT-Drucks. 13/2463, S. 4; so auch S/S-Lenckner, 25. Aufl., § 177 StGB, Rdnr. 1.
[235] BT-Drucks. 13/2463, S. 4; BT-Drucks. 13/7324, S. 4.

Der Begriff der Vergewaltigung wurde in die Überschrift der Vorschrift aufgenommen, um diese Begehungsform besonders hervorzuheben.[236]
Denn die Vergewaltigung wird als traumatisches, existentiell bedrohliches Ereignis subjektiv gegenüber anderen Straftaten als schwerstes Delikt empfunden.[237]

b. Auslegung des Begriffs "Eindringen in den Körper"

Generell bedeutet "Eindringen" nach seinem Wortsinn "gegen Widerstand in etwas hineingelangen", "sich gewaltsam Zutritt verschaffen".[238]

Das Wort "Eindringen" ist auch außerhalb des 13. Abschnitts des StGB in verschiedenen Tatbeständen zu finden, nämlich beim Hausfriedensbruch gemäß § 123 StGB und beim besonders schweren Fall des Diebstahls gemäß § 243 I Nr. 1 StGB. Bei diesen Vorschriften ist unstreitig eine mit Einverständnis des Rechtsinhabers vorgenommene Handlung tatbestandslos.

So ist das "Eindringen" im Sinne des § 123 StGB nach herrschender Meinung auszulegen als Betreten "in einer die gewöhnlichen Regeln verletzenden Weise".
Zu prüfen ist in diesem Zusammenhang, ob sich der Täter bei den Handlungen, die ihm zur Last gelegt werden so benommen hat, wie die Regeln des gewöhnlichen Verkehrs dies gegenüber fremden Wohnungen und Geschäftsräumen gestatten.[239]

Demgegenüber setzt das Tatbestandsmerkmal "Eindringen in den Körper" im Sinne des § 177 II 2 Nr.1 StGB kein Handeln gegen den Willen des Opfers voraus.[240]
Es ist also anders auszulegen als das Eindringen in Räumlichkeiten, da die Bestimmung des Wortsinns kontextabhängig ist.
Denn in Bezug auf Räumlichkeiten hätte der Gesetzgeber statt des verwendeten Wortes "eindringen" auch das Wort "betreten" wählen können, wohingegen eine solche neutrale Alternative im Zusammenhang mit dem Körper nicht existiert.[241]

Auch der Gesetzeszweck insbesondere der §§ 176, 176 a StGB spricht gegen eine Berücksichtigung des Einverständnisses, da zum Schutz der ungestörten sexuellen Entwicklung Minderjähriger sexuelle Kontakte mit Kindern unter 14 Jahren generell unterbunden werden sollen.[242]

[236] BT-Drucks. 13/2463, S. 4.
[237] Heynen in: Bange/Körner, S. 697.
[238] Brockhaus/Wahrig, Deutsches Wörterbuch 1981.
[239] Schild, NStZ 1986, 346, 348.
[240] so auch BGH NJW 1999, 2977 (Urt. v. 16.06.1999 – 2 StR 2899).
[241] Hörnle, NStZ 2000, 310 (Anm. zu BGH, Urt. v. 16.06.1999 - 2 StR 28/99).
[242] Hörnle, NStZ 2000, 310 (Anm. zu BGH, Urt. v. 16.06.1999 – 2 StR 28/99).

Für das "Eindringen in den Körper" kommen grundsätzlich nur Scheide, Anus und Mund in Frage, wobei nach dem Wortlaut der Vorschrift von § 177 II 2 Nr. 1 StGB neben den Fällen des Eindringens in den Körper des Opfers auch solche erfasst werden, in denen das Opfer in den Körper des Täters eindringt, so dass nach der Neufassung des § 177 StGB auch die Vergewaltigung des Mannes strafbar ist.

Denn weder die Entstehungsgeschichte der Vorschrift, noch Sinn und Zweck der Regelung gebieten eine Einschränkung des eindeutigen Wortlauts, zumal in beiden Fällen neben der Gefahr einer HIV-Infektion auch die Beeinträchtigung für das Opfers gravierend ist.[243]

Allerdings werden ausweislich des Wortlauts des § 177 II 2 Nr. 1 StGB nur Fälle erfasst, in denen der Täter das Opfer zum Beischlaf oder ähnlichen sexuellen Handlungen mit sich selbst nötigt.
Insofern lässt der Wortlaut der Vorschrift derzeit keine Einbeziehung der Fälle der Nötigung zum Beischlaf oder ähnlichen sexuellen Handlungen mit Dritten zu.
Das ist unverständlich, da diese Fälle für das Opfer nicht weniger gravierend sind, und insbesondere in Fällen der mittelbaren Täterschaft regelmäßig auch die Voraussetzungen des § 177 II Nr. 2 StGB nicht vorliegen.
Derzeit bleibt nur die Möglichkeit, die Tat als unbenannten besonders schweren Fall gemäß § 177 II 1 StGB zu bestrafen.

Zwar kommt es insofern auf die Tiefe des Eindringens nicht an, als bereits das Eindringen mit dem Glied in den Scheidenvorhof des Opfers den Tatbestand des Beischlafs erfüllt.[244] Das Lecken am Glied reicht hierfür aber nicht aus.[245]

Neben dem Eindringen mit Gegenständen[246] wird auch das Eindringen mit anderen Körperteilen, insbesondere den Fingern, erfasst.
Hierbei muss die Erniedrigung allerdings gesondert festgestellt werden und liegt zwar bei intensiven Manipulationen, nicht aber beispielsweise bei Eindringen in die

[243] BGHSt 45, 133; BGH NJW 1999, 2977, 2978 (Urt. v. 16.06.1999 – 2 StR 28/99) zum Begriff des "Eindringens" bei § 176 a I Nr. 1 StGB; Hörnle, NStZ 2000, 311 (Anm. zu. BGH, Urt. v. 16.06.1999 – 2 StR 28/99); M/S/M, Strafrecht BT, § 18 II Rdnr. 14.
[244] vgl. BGHSt 16, 175, 176 (Urt. v. 26.07.1961 - 2 StR 204/60);
a.A. MünchKommStGB-Renzikowski, § 177 StGB, Rdnr. 63, der unter Berufung auf den Wortlaut der Vorschrift "Eindringen *in* den Körper" ein bloßes Eindringen in den Scheidenvorhof nicht genügen lassen will.
[245] BGH NStZ 2000, 27, 28 (Beschl.. v. 14.09.1999 – 4 StR 381/99).
[246] vgl. BGHSt 46, 225, 226 (Beschl. v. 12.12.2000 – 4 StR 464/00); der BGH kam in diesem Fall zum Ergebnis, dass das fast vollständige Einführen einer 16 cm großen Metallfigur in die Scheide des Opfers die Voraussetzungen des § 177 II 2 Nr. 1 StGB erfüllt.

Scheide über dem Badeanzug vor.[247]

Teilweise wird mit Blick auf die erhebliche Strafandrohung des § 177 II StGB eine restriktive Auslegung dergestalt gefordert, dass nur solche Handlungen erfasst werden sollen, die mit der Durchführung des Geschlechtsverkehrs vergleichbar sind. Denn das ungeschützte Einführen des Geschlechtsteils in die Scheide, den Anus oder den Mund des Opfers bedeute neben einem besonders intensiven Kontakt zu dem Täter auch ein erhebliches Infektionsrisiko mit HIV oder Hepatitis C. Demgegenüber bedeute das Einführen des Fingers in eine der Körperöffnungen des Opfers einen weniger intensiven, insofern nicht vergleichbaren Eingriff.[248]

Gegen die Forderung der „Beischlafsähnlichkeit" spricht aber bereits der Wortlaut der Vorschrift, der eine solche Einschränkung gerade nicht vorsieht.

Ebenso lässt sich auch den Gesetzesmaterialen ein Wille zu dieser Einschränkung nicht entnehmen, zumal ersichtlich bezweckt war, den Opferschutz zu erweitern und zu verbessern.

Schließlich kann das Eindringen mit Gegenständen für das Opfer eine in gleicher Weise belastende und erniedrigende Verhaltensweise darstellen.[249]

Auch die Rechtsprechung ist dem Vorschlag einer restriktiven Auslegung nicht gefolgt, wie die Entscheidung des Landgerichts Augsburg vom 29.07.1998[250] deutlich zeigt:

> Der Angeklagte trat von hinten an das Opfer heran, hielt es mit einer Hand am Hals oder Mund und fasste mit der anderen Hand oberhalb der Bekleidung an ihren Busen. Er zog sie nach hinten in den Hofraum bis zu einem Pkw-Anhänger. Schließlich kam die Geschädigte so unter dem Pkw-Anhänger zu liegen, dass ihr Kopf sich ungefähr im Achsbereich des Anhängers befand. Der Angeklagte kniete neben ihr, hielt sie mit einer Hand am Mund fest und fasste mit der anderen Hand unterhalb der Kleidung der Geschädigten auf deren Scheide. Sodann führte er seinen Finger vollständig in die Scheide der Geschädigten ein. Danach ließ er von der Geschädigten ab und floh, da er herannahende Stimmen hörte.

[247] BGH NJW 2000, 672; a.A. wohl BGH NStZ 2000, 254, 255 (Beschl. v. 17.12.1999 – 3 StR 524/99); BGH NStZ 2001, 598 (Beschl. v. 24.04.2001 - 1 StR 94/01), wonach der Täter mit dem Eindringen des Fingers in die Scheide des Opfers eine sexuelle Handlung erzwingt, die dem Vollzug des Beischlafs ähnlich ist und das Opfer besonders erniedrigt. Nach dem Wortlaut des Gesetzes sei eine besondere Erniedrigung insbesondere anzunehmen, wenn die sexuelle Handlung mit einem Eindringen in den Körper verbunden ist, so dass es in diesen Fällen keiner besonderen Erörterung mehr bedarf, ob die Handlung das Opfer besonders erniedrigt hat.

[248] Folkers NStZ 2000, 254, 255 (Anm. zu BGH, Beschl. v. 17.12.1999 – 3 StR 524/99); M/S/M, § 18 II Rdnr. 15.

[249] so auch Renzikowski, NStZ 1999, 381.

[250] LG Augsburg NStZ 1999, 307 (Urt. v. 29.07.1998).

Das Landgericht entschied, dass das Regelbeispiel der "besonderen Erniedrigung" verwirklicht wurde, da das Eindringen des Angeklagten mit dem Finger in die Scheide des Opfers als eine dem Beischlaf ähnliche sexuelle Handlung an dem Opfer, die dieses besonders erniedrigt, einzuordnen ist.

Maßgeblich hierfür sei, dass das Opfer durch das Verhalten des Angeklagten ähnlich in ihrer sexuellen Selbstbestimmung beeinträchtigt wurde, wie durch einen Geschlechtsverkehr, da der Angeklagte mit einem Teil seines Körpers, nämlich seinem Finger, in den innersten Intimbereich der Geschädigten eingedrungen ist.
Der Umstand, dass durch das Vorgehen des Angeklagten bei der Geschädigten keine dem Vaginal-, Oral- oder Analverkehr vergleichbare Infektionsgefahr bezüglich Geschlechtskrankheiten verbunden war, ändere nichts an der Verwirklichung des Regelbeispiels. Denn Schutzgut des § 177 StGB sei nicht in erster Linie die körperliche Unversehrtheit, sondern die sexuelle Selbstbestimmung.

Lediglich der Zungenkuss fällt nach nahezu einhelliger Meinung nicht unter § 177 II 2 Nr. 1 StGB.
Während es sich nach einer Ansicht beim Zungenkuss lediglich um eine „ungehörige handgreifliche Zudringlichkeit" handelt, die die Erheblichkeitsschwelle des § 184 f Nr. 1 StGB nicht überschreitet[251], verneinen andere ein "Eindringen".[252]
Nach zutreffender und wohl herrschender Auffassung, handelt es sich bei einem Zungenkuss zwar um eine in den Körper eindringende Handlung, die jedoch generell wegen ihres geringen Gewichts nicht besonders erniedrigend ist.[253]

c. Bedeutung des Merkmals „besondere Erniedrigung"

Vom Wortsinn hat der Begriff „Erniedrigung" die Bedeutung, jemanden moralisch herabzusetzen, zu demütigen und zu degradieren.[254]

[251] BGHSt 18, 169 (Urt. v. 18.12.1962 – 5 StR 522/62) für Zungenküsse zwischen Erwachsenen verschiedenen Geschlechts, die, wenn sie aus Sinneslust vorgenommen werden, nicht ohne weiteres unzüchtige Handlungen sind, sondern trotz wollüstiger Absicht auch bloße ungehörige handgreifliche Zudringlichkeit sein können, die das allgemeine geschlechtliche Scham- und Sittlichkeitsgefühl nicht in einem solchen Maße verletzen und angemessen mit Hilfe der §§ 185, 240 StGB geahndet werden können.
Kritisch hierzu Sick, S. 265, die zutreffend ausführt, dass ein Zungenkuss zumindest genauso viel Ekel und Angst auslösen kann, wie ein fester Griff an die Brust, der unstreitig eine erhebliche sexuelle Handlung darstellt.
[252] so Renzikowski NStZ 2000, 367, 368, der seine noch in NStZ 2000, 368 vertretene Auffassung aufgab, der Zungenkuss stelle mangels einer vergleichbaren Schwere der Einwirkung keine Vergewaltigung dar, da insbesondere die besondere, von II Nr. 1 vorausgesetzte "Erniedrigung" fehle.
[253] T/F-Fischer, § 177 StGB, Rdnr. 23 d.
[254] Brockhaus/Wahrig, Deutsches Wörterbuch, Band 2, Stuttgart 1981.

Dementsprechend wird eine „besondere Erniedrigung" im Sinne des § 177 II 2 Nr. 1 StGB dann angenommen, wenn das Opfer in besonderer über die Verwirklichung des Grundtatbestandes hinausgehender Weise zu einem bloßen Objekt sexueller Willkür des Täters herabgewürdigt wird und dies gerade in der Art und Ausführung der sexuellen Handlung zum Ausdruck kommt, wobei es nicht darauf ankommt, ob es zum Eindringen in eine Körperöffnung kommt.[255]

Mit Einfügung des Merkmals der besonderen Erniedrigung in § 177 II 2 Nr. 1 StGB soll zum einen die Begründung unbenannter Strafschärfungsgründe ermöglicht werden, zum anderen erfüllt das Merkmal eine Korrektivfunktion.[256]

So erfüllen besonders erniedrigende Handlungen aus dem Bereich der „Fäkalerotik" wie Urinieren oder Ejakulieren auf den Körper des Opfers oder das Veranlassen des Opfers, sich nackt in den "Vierfüßlerstand" zu begeben zwar nicht das Regelbeispiel der Vergewaltigung, sodass diese auch nicht in den Urteilstenor aufzunehmen ist, können aber als unbenannte Strafschärfungsgründe den Strafrahmen des § 177 II 1 StGB eröffnen.[257]

Die Korrektivfunktion des Merkmals nützte der BGH in einem am 20.03.2001 entschiedenen Fall[258], in dem zwischen dem Täter und einer Prostituierten ein „Hausbesuch" für die Dauer von zwei Stunden zu einem Preis von 500 DM vereinbart war, der Täter das Opfer dann aber durch Drohung mit einem Messer zum Oralverkehr zwang, da er über kein Geld verfügte.

Der BGH entschied, dass hierdurch nicht die Voraussetzungen des § 177 II Nr. 1 StGB erfüllt seien, da es sich zwar um eine sexuelle Handlung handele, die "mit dem Eindringen in den Körper verbunden" war, diese jedoch keinen "besonders erniedrigenden" Charakter habe.
Zwar komme dem einschränkenden Merkmal der "besonderen Erniedrigung" in Fällen des Oral- und Analverkehrs regelmäßig keine eigenständige Bedeutung zu, weil sich der erniedrigende Charakter dieser sexuellen Handlungen im allgemeinen von selbst verstehe.[259]
In diesem Falle vollzog der Täter aber nur diejenigen sexuellen Handlungen, zu deren Durchführung sich das Opfer zuvor gegen Entgelt freiwillig bereit erklärt

[255] vgl. u.a. MünchKommStGB-Renzikowski, § 177 StGB, Rdnr. 66.
[256] NK-StGB-Frommel, § 177 StGB, Rdnr. 64;
a.A. Renzikowski, NStZ 2000, 368, wonach das Merkmal "besondere Erniedrigung" nur die Funktion hätte, weitere Sexualformen als besonders schwer einzustufen.
Dies ist aber abzulehnen wegen des gesetzgeberischen Ziels, Gerichten eine gewisse Flexibilität zu belassen.
[257] NK-StGB-Frommel, § 177 StGB, Rdnr. 53.
[258] BGH NStZ 2001, 369, 370 (Beschl. v. 20.03.2001 - 4 StR 79/01).
[259] so bereits BGH NStZ 2000, 254, 255 (Beschl. v. 17.12.1999); BGH NJW 2000, 672, 673 (Urt. v. 18.11.1999).

hatte. Infolge dessen sei nicht anzunehmen, dass das Opfer die sexuellen Handlungen als entwürdigend empfand.[260]

3. Problem des Regelbeispielversuchs

Die veränderte Ausgestaltung der Vergewaltigung von einer Qualifikation zu einem Regelbeispiel wirft das Problem des „Regelbeispielversuchs" auf.

Grundsätzlich besteht zwar nach Ansicht des BGH zwischen der Ausgestaltung als Regelbeispiel und der als Qualifikationstatbestand kein tiefgreifender Wesensunterschied mit der Konsequenz, dass auch Regelbeispiele weitgehend wie Tatbestandsmerkmale zu behandeln sind, da auch sie einen erhöhten Unrechts- und Schuldgehalt typisieren.[261]
Dennoch kann es nach herrschender Meinung den „Versuch" eines besonders schweren Falles begrifflich nicht geben. Dies gilt auch für Regelbeispiele als bloße Strafzumessungsregeln[262], sodass die Strafe in beiden Fällen eigentlich nur dem Grundtatbestand des § 177 I StGB entnommen werden dürfte.

Eine Ausnahme wird allerdings dann gemacht, wenn die versuchte Tat nach ihrem Unrechts- und Schuldgehalt einem Regelbeispiel entspricht und der Strafrahmen des Grunddelikts infolge dessen unangemessen niedrig wäre.[263]

Die folgenden drei Konstellationen sind zu unterscheiden:

Im ersten Fall bleiben sowohl das Grunddelikt als auch die Verwirklichung des Regelbeispiels im Versuch stecken.

In diesem Fall entnimmt der BGH die Strafe dem Sonderstrafrahmen, der entsprechend dem geringeren Maß an Unrecht und Schuld nach §§ 23 II, 49 I StGB gemil-

[260] BGH NStZ 2001, 369, 370 (Beschl. v. 20.03.2001 – 4 StR 79/01).
[261] BGHSt 33, 370, 374 (Beschl. v. 18.11.1985 – 3 StR 291/85).
[262] T/F-Fischer, 52. Aufl., § 46 StGB, Rdnr. 97 mit weiteren Nachweisen.
[263] T/F-Fischer, 52. Aufl., § 46 StGB, Rdnr. 97.

dert werden kann[264], wenn der Tatentschluss sich auch auf die Verwirklichung des Regelbeispiels richtet und der Täter auch hierzu bereits unmittelbar angesetzt hat.[265]

Im zweiten Fall ist das Grunddelikt vollendet, dagegen die Verwirklichung des Regelbeispiels im Versuch stecken geblieben.

Auch bei dieser Konstellation kann eine Anwendung des Sonderstrafrahmens nur auf eine Gesamtwürdigung aller für die Strafzumessung wesentlichen tat- und täterbezogenen Umstände als unbenannter besonders schwerer Fall gestützt werden.[266]

Ansonsten ist der Strafrahmen des Grunddelikts maßgeblich.[267] In diesen Fällen besteht neben dem vollendeten Grundtatbestand aber auch im Schuldausspruch für den Versuch der Verwirklichung eines Regelbeispiels weder Raum noch kriminalpolitisches Bedürfnis.[268]

Im dritten Fall ist das Grunddelikt nur versucht, das Regelbeispiel hingegen vollendet.

[264] vgl. BGHSt 33, 370, 374 (Beschl. v. 18.11.1985 – 3 StR 291/85) zu § 243 I 2 Nr. 1 StGB. Der BGH führt in diesem Zusammenhang aus, dass die Regelbeispiele des besonders schweren Diebstahls bei der Bestimmung des für den strafbaren Deliktsversuch geltenden Strafrahmens im Ergebnis wie Tatbestandsmerkmale zu behandeln seien. Denn die Wahl des Gesetzgebers für die Ausgestaltung der Vorschrift als Regelbeispiel oder als Qualifikationstatbestand sei lediglich eine Frage der formalen Gesetzestechnik. Diese Ansicht vertrat der BGH auch in NStZ 1998, 510, 511 (Beschl. v. 27.05.1998 – 3 StR 204/98) für die Fälle, in denen der Täter nach Einsatz des Nötigungsmittels, aber vor Vornahme einer sexuellen Handlung an der weiteren Ausführung der geplanten Vergewaltigung gehindert wird.
a.A. T/F-Fischer, § 46 StGB, Rdnr. 101 mit dem Argument, dass die Indizwirkung des Regelbeispiels von dessen vollständiger Verwirklichung abhänge, da andernfalls die gesetzliche Vermutung für den erhöhten Unrechtsgehalt und die Angemessenheit des erhöhten Strafrahmens unterlaufen werde.

[265] BGHSt 33, 370, 374 (Beschl. v. 18.11.1985 – 3 StR 291/85) zu § 243 I 2 Nr. 1 StGB; T/F-Fischer, 52. Aufl., § 46 StGB, Rdnr. 101;
a.A. MünchKommStGB-Renzikowski, § 177 StGB, Rdnr. 91, wonach nur nach §§ 177 I, 23 II StGB zu bestrafen ist, da die Indizwirkung des Regelbeispiels von dem erhöhten objektiven Unwertgehalt der Tat abhänge und nicht durch die Vorstellung des Täters ersetzt werden könne.

[266] vgl. BGH NStZ 2003, 602 (Beschl. v. 07.01.2003 – 3 StR 425/02).

[267] T/F-Fischer, 52. Aufl., § 46 StGB, Rdnr. 102; BGHSt 33, 370, 374 (Beschl. v. 18.11.1985 – 3 StR 291/85) zu § 243 I 2 Nr. 1 StGB; BGH NStZ 1998, 510, 511 (Beschl. v. 27.05.1998 – 3 StR 204/98), wonach für die Fälle, in denen neben dem vollendeten Grunddelikt das Regelbeispiel "Vergewaltigung" nur versucht wurde, der Strafrahmen des § 177 I StGB in der Regel ausreiche. Allerdings könne eine Tat mit besonders gravierenden Umständen auch ohne Vollendung des Regelbeispiels als besonders schwerer Fall der sexuellen Nötigung angesehen werden.

[268] BGH NStZ 1998, 510, 511 (Beschl. v. 27.05.1998 – 3 StR 204/98).

Diese Konstellation kommt zwar beim Einbruchdiebstahl häufig vor, ist jedoch bei § 177 StGB kaum vorstellbar.[269]
Allgemein ist in diesem Fall von der Regelwirkung auszugehen, die aber bei einem geringeren Unrechtsgehalt der versuchten Tat entkräftet werden kann.[270]

4. Verhältnis zwischen § 177 II StGB und § 177 III StGB

Der Strafrahmen des § 177 III StGB konsumiert nicht den in der Erfüllung eines Regelbeispiels nach § 177 II 2 StGB liegenden erhöhten Unrechtsgehalt. Denn bereits eine unter den Grundtatbestand des § 177 I StGB fallende sexuelle Nötigung hat den Strafrahmen des § 177 III StGB mit einer Mindeststrafe von drei Jahren zur Folge, wenn eines der dort genannten qualifizierenden Merkmale hinzutritt.

Kommen zur Erfüllung des Grundtatbestandes des § 177 I StGB und der Qualifikation des § 177 III StGB Umstände hinzu, die die Voraussetzungen eines Regelbeispiels des § 177 II 2 StGB erfüllen, so liegt darin zusätzliches Unrecht, das im Rahmen des sich aus § 177 III StGB ergebenden Strafrahmens von Freiheitsstrafe nicht unter drei Jahren zu berücksichtigen ist.

VII. Der „minder schwere Fall" gemäß § 177 V StGB

1. Definition

Ein „minder schwerer Fall" liegt nach der Formel der Rechtsprechung immer dann vor, wenn das gesamte Tatbild einschließlich aller subjektiven Momente und der Täterpersönlichkeit vom Durchschnitt der erfahrungsgemäß gewöhnlich vorkommenden Fälle in dem Maße abweicht, dass die Anwendung des Ausnahmestrafrahmens geboten erscheint.[271]
Erforderlich ist eine Gesamtbetrachtung, bei der alle Umstände heranzuziehen und zu würdigen sind, die für die Wertung der Tat und des Täters in Betracht kommen, gleichgültig, ob sie der Tat selbst innewohnen, sie begleiten, ihr vorausgehen oder nachfolgen.[272]

[269] NK-StGB-Frommel, § 177 StGB, Rdnr. 70.
[270] T/F-Fischer, § 46 StGB, Rdnr. 103.
[271] ständige Rechtsprechung, vgl. BGH NStZ 2000, 254.
[272] BGH NStZ 2000, 254.

2. Fallgruppen

Um die hohe Strafandrohung zu vermeiden und eine Strafaussetzung zur Bewährung (§ 56 II StGB) zu erreichen, wurde von den Gerichten der minder schwere Fall extensiv angewendet. So wurde vor den Reformen etwa die Hälfte aller verurteilten Täter nach dem unbenannten Strafmilderungsgrund des § 177 II StGB a.F. verurteilt, der eine Strafandrohung von sechs Monaten bis zu fünf Jahren vorsah. Faktisch wurde der minder schwere Fall der Vergewaltigung damit zum „Normalfall".

Die Abgrenzung zwischen dem „minder schweren Fall" und dem „normalen Durchschnittsfall" nahm der BGH dabei nicht mit Hilfe empirischer Erkenntnisse der Kriminologie, sondern anhand seines eigenen Erfahrungswissens vor.[273]

Bereits die erheblich verminderte Schuldfähigkeit des Täters gemäß § 21 StGB infolge alkoholischer Beeinflussung konnte Anlass für die Annahme eines minder schweren Falles im Sinne des § 177 II StGB a.F. sein, wenn das Bild der Tat angesichts der verminderten Schuldfähigkeit aus den sonstigen Erscheinungsformen von Vergewaltigungen so wesentlich heraus fiel, dass der Regelstrafrahmen des § 177 I StGB a.F. nicht schuldangemessen wäre.[274]

Ebenso wurde ein minder schwerer Fall angenommen, wenn die Beteiligten aus einem anderen Kulturkreis stammen[275] oder das Opfer eine Prostituierte ist.[276]

Auch „tatförderndes, die Tatdurchführung erleichterndes Opferverhalten" gab häufig Anlass zur Annahme eines minder schweren Falles.[277]

[273] vgl. u.a. BGH NStZ 1982, 26 (Urt. v. 14.10.1981 – 5 StR 215/81); Sick, Die sexuellen Gewalt delikte, MSchrKrim 1995, 289, 290.

[274] vgl. BGHSt 16, 360, 362, 363 (Urt. v. 17.11.1961 – 4 StR 373/61) zu § 213 StGB; BGH NStZ 1982, 246 (Urt. v. 02.03.1982 – 1 StR 866/81).

[275] vgl. BGH StV 2002, 20 (Urt. v. 29.08.2001 – 2 StR 276/01), wonach ein minder schwerer Fall einer Vergewaltigung angenommen wurde, obwohl der türkische Angeklagte bereits seit 30 Jahren in Deutschland lebt, seine türkische Ehefrau sich bereits von ihm getrennt hatte und zwischen ihnen vor der Tat 2 Jahre lang kein sexueller Kontakt bestand.

[276] BGH MDR 73, 555 (Beschl. v. 18.04.1973 – 4 StR 135/73), wonach nach dem Schutzzweck der Vorschriften hinsichtlich der Schuld ein sehr erheblicher Unterschied bestehe, ob eine unbescholtene Frau oder ob eine Prostituierte, die sich allgemein Männern gegen Entgelt zum Beischlaf und zu unzüchtigen Handlungen hinzugeben pflegt, das Opfer eines Sittlichkeitsverbrechens wird.

[277] so LG Saarbrücken, NStZ 1981, 222 (Urt. v. 17.12.1980 – 5 – II 50/80 IV) in einem Fall, in dem die Geschädigte eine Gelegenheit zum Übernachten suchte, nachdem sie zuhause Streit hatte. Sie nahm das Angebot des Angeklagten an, betonte aber ausdrücklich, dass sie alleine schlafen wolle und sexuell unerfahren sei. Der Angeklagte überwand in der Wohnung den Widerstand der Geschädigten und führte gewaltsam den Geschlechtsverkehr durch, wobei es zu einem tiefen Riss am Eingang der Scheidenwand kam. Das Landgericht nahm einen minder schweren Fall an, da sich die Tat aus einer "geschlechtsspezifischen Situationsverkennung " heraus entwickelt hätte. Denn der Angeklagte, der zunächst davon ausging, dass er die Geschädigte schon noch rumkriegen werde, war aufgrund der zunehmenden sexuellen Spannung in seiner Handlungsfreiheit eingeengt.

Darunter wurden jedoch nicht nur bewusste Reizungen oder Provokationen gefasst, sondern der BGH nahm auch in Fällen absolut sozialadäquaten Verhaltens eine Art „Mitschuld" an und bejahte das Vorliegen eines minder schweren Falles.
Dies zeigt deutlich der vom BGH am 09.12.1982 entschiedene Fall[278], in dem das Opfer „trotz der vorausgegangenen Ablehnung der Annäherungsversuche des Täters in sein Fahrzeug gestiegen war." Hier wurde dem Opfer die Initiative und Verantwortung für das Verhalten des Vergewaltigers zugewiesen.

In diesem Zusammenhang taucht auch immer wieder der „sexuelle Notstand" auf.[279] Diese Vorstellung verkennt indes den Charakter der überwiegenden Zahl von Sexualverbrechen. Vergewaltigungsmotiv ist in der Regel nicht die Befriedigung sexueller Triebe, sondern die Unterwerfung und Demütigung des Opfers.[280]

Schließlich wurde ein minder schwerer Fall dann angenommen, wenn zwischen Täter und Opfer frühere persönliche Beziehungen bestanden.[281] Dann habe das Opfer sein Recht auf sexuelle Selbstbestimmung jedenfalls zum Teil verwirkt.

So entschied das LG Berlin mit Urteil vom 23.01.1998 in einem Fall, in dem der Täter mit dem Opfer, mit dem er 10 Jahre verheiratet war nach Trennung und Einreichung der Scheidungsklage gegen dessen Willen den Geschlechtsverkehr ausführte, das Regelbeispiel der Vergewaltigung sei aufgrund der atypisch geringen Schuldschwere nicht erfüllt, da der Täter alkoholisiert war, eine langjährige Beziehung und Ehe bestand, die Parteien bis kurz vor der Tat einverständlichen Geschlechtsverkehr hatten und das Opfer lediglich leicht bekleidet war. Aufgrund dieser nach Ansicht des LG Berlin erheblich mildernden Gesichtspunkte sei die Strafe dem Grunddelikt des § 177 I StGB zu entnehmen gewesen.[282]

Entgegen dieser rechtlichen Einschätzung belegen aber Untersuchungen, dass auch sexuelle Gewalt im sozialen Nahraum einschneidende Folgen für die Opfer hat, da Beziehungsgewalt immer mit einem Vertrauensbruch einhergeht.[283]
Auch ist in diesen Fällen der soziale Nahraum des Opfers in Form von Wohnung, Beziehung, Familie oder Freundes- und Bekanntenkreis betroffen, der eigentlich zur „garantierten Sicherheitszone" gehören sollte.

[278] BGH NStZ 1983, 119 (Beschl. v. 09.12.1982 – 4 StR 653/82).
[279] so LG Saarbrücken, NStZ 1981, 222 (Urt. v. 17.12.1980 – 5 – II 50/80 IV).
[280] Kruse/Sczesny, KJ 1993, 347.
[281] vgl. BGH MDR 1963, 62.
[282] LG Berlin (Urt. v. 23.01.1998 – 70 Js 1028/97 Kls 40/97); nach richtiger Ansicht von Mildenberger NJ 1998, 383 (Anm. zu LG Berlin, Urt. v. 23.01.1998) verkennt das LG Berlin allerdings, dass die aufgezählten Umstände der Alkoholisierung des Täters und der langjährigen Beziehung und Ehe gerade nicht vom Durchschnitt der erfahrungsgemäß vorkommenden Fälle der Vergewaltigung abweicht, da die "typische" Vergewaltigung nicht von einem unbekannten Täter hinter einem Gebüsch durchgeführt wird.
[283] Kruse/Sczesny, KJ 1993, 347.

Darüber hinaus widerspricht dies empirischen Erkenntnissen, wonach die Vergewaltigung ein typisches Beziehungsdelikt ist und sich Täter und Opfer in 70 % der Fälle bereits vor der Tat kannten.[284]

Da durch die Reformen 1997 und 1998 auch die Vergewaltigung und sexuelle Nötigung innerhalb der Ehe unter Strafe gestellt wurde, kann die persönliche Beziehung zwischen Täter und Opfer eigentlich nicht mehr zur Begründung eines minder schweren Falles herangezogen werden.

Dennoch wird auch in neueren Entscheidungen der Fall des erzwungenen Geschlechtsverkehrs mit einem „vertrauten Partner" wieder als Strafmilderungsgrund berücksichtigt. Dies zeigt deutlich die Entscheidung des BGH vom 12.01.2000[285], der der folgende Sachverhalt zugrunde lag:

> Nachdem seine Frau ihm mitgeteilt hatte, dass sie sich von ihm trennen und nicht mehr mit ihm geschlechtlich verkehren werde, beschloss der Angeklagte, sich an seiner Frau zu rächen und sie zu vergewaltigen. Er zwang sie durch Drohen mit einem Messer, sich auszuziehen und führte mehrfach gegen ihren Willen den Vaginalverkehr sowie einmal den Oralverkehr durch. Ferner versuchte er zweimal, mit seiner Frau anal zu verkehren.

Die Strafkammer hat die Wertung als „minder schweren Fall der Vergewaltigung" zum einen mit der Eifersucht des Angeklagten begründet, die allerdings nach den Urteilsfeststellungen grundlos war, zum anderen damit, dass der erzwungene Geschlechtsverkehr mit einem „vertrauten Partner" durchgeführt wurde.

Tatsächlich kann dies aber schon wegen der Erklärung der Ehefrau, sie wolle sich von dem Angeklagten trennen und mit ihm nicht mehr geschlechtlich verkehren, sowie wegen des Bestrafungscharakters der Tat kein Strafmilderungsgrund sein.

Darüber hinaus hätte auch aufgrund der objektiven Tatumstände wie der sorgfältigen Planung und der erheblichen Dauer der Tat, sowie der mehrfache Verwirklichung des Regelbeispiels des § 177 II 2 Nr. 1 StGB, die bei der Strafrahmenwahl mitberücksichtigt werden müssen, kein minder schwerer Fall angenommen werden dürfen.

Da die vorgenannten Umstände nach Ansicht des BGH alle „vom Durchschnitt der gewöhnlichen Fälle" abweichen, wird der in der Praxis verhältnismäßig seltene überfallartige Sexualangriff also in der Rechtsprechung noch immer für den „Durchschnittsfall" gehalten.[286]

[284] vgl. Sick, S. 241.
[285] so LG Lübeck, vgl. BGH NStZ 2000, 254 (Urt. v. 12.01.2000 – 3 StR 363/99).
[286] Kruse/Sczesny, KJ 1993, 347.

3. Verhältnis von § 177 V StGB zu § 177 II StGB

Bei der sexuellen Nötigung ist die Strafe grundsätzlich dem § 177 II StGB zu entnehmen, wenn die Voraussetzungen für einen besonders schweren Fall vorliegen. Erst bei Vorliegen gewichtiger mildernder Gründe bedarf es der Erörterung, ob von dem Regelstrafrahmen des besonders schweren Falles abgewichen werden kann.

Die Verwirklichung eines Regelbeispiels ist dabei als tatbezogener Umstand in die bei § 177 V StGB vorzunehmende Gesamtbetrachtung einzubeziehen, wobei der im Regelbeispiel benannte Strafschärfungsgrund durch strafmildernde Gesichtspunkte überlagert werden kann.[287]
Das ist dann der Fall, wenn das vom Täter verwirklichte Regelbeispiel nach § 177 II 2 StGB mit gewichtigen Milderungsgründen zusammentrifft und nach dem gesamten Tatbild einschließlich aller subjektiven Merkmale sowie der Täterpersönlichkeit festgestellt werden kann, dass die Bewertung der Tat als besonders schwerer Fall unangemessen wäre, weil die Milderungsgründe überwiegen.[288]
Die Strafe ist dann grundsätzlich dem Normalstrafrahmen des § 177 I StGB zu entnehmen. In extremen Ausnahmefällen kann die Tat sogar als minder schwerer Fall gemäß § 177 V Hs. 1 StGB beurteilt werden, wenn schuldmildernde Umstände von ganz außergewöhnlichem Ausmaß bestehen.[289]

Zum Teil wird auch vertreten, dass die Strafe bei einem „Rahmenmilderungsgrund" des StGB-AT grundsätzlich nicht dem gesetzlichen Normalstrafrahmen nach § 177 I StGB zu entnehmen ist, sondern dem nach § 49 StGB reduzierten Strafrahmen des § 177 II StGB.[290]

Diese Ansicht ist aber abzulehnen, da diese Vorgehensweise eindeutig der Systematik des besonderen Teils im Hinblick auf die Strafzumessung bei besonders schweren Fällen widerspricht.
Ferner hätte es zur Konsequenz, dass der Täter eines besonders schweren Falles bei Vorliegen besonderer Milderungsgründe nicht nach dem normalen Strafrahmen oder gar nach dem Strafrahmen eines minder schweren Falles bestraft werden könnte, sondern dass anders als bei einer Qualifikation immer von dem erhöhten Strafrahmen auszugehen wäre.[291]

Bei gleichzeitiger Verwirklichung eines Qualifikationstatbestandes der § 177 III, IV StGB und eines Regelbeispiels hat der Tatrichter grundsätzlich die in § 177 II StGB normierte Untergrenze von 2 Jahren Freiheitsstrafe auch dann zu beachten, wenn er

[287] BGH StV 2000, 306, 307 (Urt. v. 07.03.2000 – 5 StR 30/00).
[288] BGH NStZ 2004, 32, 33 (Urt. v. 05.06.2003 – 3 StR 60/03).
[289] BGH StV 2000, 557, 558 (Beschl. v. 11.04.2000 – 1 StR 78/00); BGH NStZ 2000, 419 (Urt. v. 07.03.2000 - 5 StR 30/00); Renzikowski, NStZ 1999, 377, 381.
[290] so SK-Horn, 47. Lfg., Feb. 1999, § 177 Rdnr. 25.
[291] Folkers, Anm. zu BGH, Beschl. v. 17.12.1999 – 3 StR 524/99, NStZ 2000, 471.

einen minder schweren Fall nach § 177 V Hs 2 StGB annimmt[292], weil die Strafdrohungen der zugleich verwirklichten Qualifikationstatbestände für eine angemessene Ahndung der Tat zu hoch erscheinen.
Denn andernfalls entstünde ein Wertungswiderspruch, weil derjenige Täter, der zusätzlich noch einen Qualifikationstatbestand erfüllt, im Falle der Verwirklichung eines Regelbeispiels günstiger gestellt wäre als derjenige Täter, der kein Qualifikationsmerkmal verwirklicht hat.[293]

Da allerdings die Qualifikationstatbestände der § 177 III, IV StGB an die Verwirklichung des Grundtatbestandes des § 177 I StGB anknüpfen, kann im Zusammenhang mit weiteren Milderungsgründen ausnahmsweise die Annahme eines minder schweren Falles auch dann gerechtfertigt sein, wenn die in einem Regelbeispiel des § 177 II 2 StGB vorausgesetzte besondere Intensität der erzwungenen sexuellen Handlung erreicht ist.[294] Insofern ist eine Abwägung vorzunehmen, in die alle wesentlichen entlastenden und belastenden Gesichtspunkte einzubeziehen sind.[295]

VIII. Ergebnis

Insbesondere die aufgrund der sehr eng ausgelegten Nötigungsmittel "Gewalt" und "Drohung mit gegenwärtiger Gefahr für Leib oder Leben" bisher nicht von §§ 177, 178 StGB a.F. erfassten Fälle, in denen Opfer sich nicht wehren konnten, weil sie aus Angst "wie gelähmt" waren, können nun problemlos unter § 177 I Nr. 3 StGB subsumiert werden.
Darüber hinaus wurden durch die Einführung der Ausnutzungsalternative auch Strafbarkeitslücken in den Fällen geschlossen, in denen das Opfer keinen Widerstand leistet, weil es durch ein "Klima der Gewalt" eingeschüchtert ist, oder das Leisten von Widerstand nutzlos ist.

Schließlich erfasst § 177 I Nr. 3 StGB auch Fälle, in denen das Opfer körperlich zur Gegenwehr nicht in der Lage ist und bietet so einen umfassenderen, verbesserten Schutz insbesondere für behinderte Personen.

Nach der neueren Rechtsprechung des BGH wird die Vorschrift des § 177 I Nr. 3 StGB insofern eingeschränkt, als auch im Falle der Ausnutzung einer hilflosen Lage des Opfers der Täter nur tatbestandsmäßig handelt, wenn das Opfer Widerstandshandlungen aus Angst vor Körperverletzungs- bzw. sogar Tötungshandlungen durch den Täter unterlässt.

[292] vgl. BGH NStZ 2001, 646 (Urt. v. 11.07.2001 – 3 StR 214/01).
[293] BGH, StV 2000, 306, 307 (Urt. v. 07.03.2000 – 5 StR 30/00);
M/S/M-Schroeder, § 18 II, Rdnr. 23.
[294] BGH NStZ 2000, 419 (Urt. v. 07.03.2000 - 5 StR 30/00).
[295] BGH NStZ 2003, 32, 33 (Urt. v. 05.06.2003 – 3 StR 60/03);
vgl. auch BGH NStZ 1982, 246 (Urt. v. 02.03.1982 – 1 StR 866/81).

Diese Einschränkung der Ausnutzungsvariante ist sinnvoll, um eine klare Abgrenzung zu § 179 StGB zu schaffen, sowie eine der Schuld des Täters angemessene Bestrafung zu erreichen.
Denn ein Opfer, das lediglich nichtkörperliche Konsequenzen durch den Täter befürchtet, ist nicht in einer vergleichbaren Zwangslage wie ein um sein Leben bzw. seine körperliche Unversehrtheit bangendes Opfer.
In diesen Fällen erscheint das Strafmaß des § 240 IV 2 Nr. 1 StGB, Freiheitsstrafe von 6 Monaten bis zu 5 Jahren, ausreichend.

Schließlich ist auch die Umwandlung des bisher in § 177 StGB a.F. geregelten Qualifikationstatbestandes „Vergewaltigung" in ein Regelbeispiel für einen besonders schweren Fall der sexuellen Nötigung in § 177 II 2 Nr. 1 StGB zu begrüßen.

Zum einen ermöglicht dies eine flexiblere Handhabung durch die Gerichte und damit auch eine verbesserte Möglichkeit der tat- und schuldangemessenen Bestrafung.
Zum anderen können nun auch andere Sexualpraktiken, die das Opfer besonders erniedrigen und somit von ihren Auswirkungen auf das Opfer mit dem erzwungenen Beischlaf vergleichbar sind, schuldangemessen bestraft werden.

2. Kapitel: Sexueller Missbrauch Widerstandsunfähiger, § 179 StGB

In einer von Noack und Schmid durchgeführten Untersuchung, bei welcher 308 Einrichtungen zur Problematik der sexuellen Gewalt gegen Menschen mit einer geistigen Behinderung befragt wurden, gaben 51,3 % der Befragten an, dass ihnen Fälle von sexueller Gewalt an geistig behinderten Menschen in ihrer Einrichtung bekannt sind. 48,7 % machten zwar keine Angaben, auch hier ist jedoch anzunehmen, dass Fälle zwar bekannt sind, aber verschwiegen werden.[296]
Dennoch wurden noch Mitte der 80er Jahre geistig behinderte Menschen durch einige Gerichte dergestalt diskriminiert, dass ihre geistige Behinderung strafmildernd zugunsten des Angeklagten berücksichtigt wurde. Begründet wurde dies damit, dass die Folgen des sexuellen Übergriffs für das Opfer aufgrund dessen „Verwirrung" als gering einzustufen seien.

I. Ratio legis des § 179 StGB - Anwendungsbereich

Die Vorschrift bezweckt einen zusätzlichen Strafschutz zu § 177 StGB für Personen, die aus geistig-psychischen oder körperlichen Gründen zur Ausübung ihres sexuellen Selbstbestimmungsrechts nicht in der Lage sind, vor Fremdbestimmung auf

[296] Noack/Schmid, in: Walter, Sexualität und geistige Behinderung, S. 445.

sexuellem Gebiet. Sie sollen davor bewahrt werden, als bloßes Objekt oder Werkzeug zur Verwirklichung der sexuellen Wünsche des Täters missbraucht zu werden.[297]
Denn insbesondere für Menschen mit einer Behinderung besteht aufgrund ihrer Hilfsbedürftigkeit und Abhängigkeit die Gefahr, dass sie durch Familienmitglieder, Verwandte, Erzieher, Lehrer oder auch Therapeuten sexuell missbraucht werden.[298]

So führt das Leugnen der Sexualität behinderter Menschen immer wieder zu gedankenlosen Grenzverletzungen, zumal therapeutische Maßnahmen häufig auch körperliche Bezüge aufweisen und damit bereits ihrer Art nach Gelegenheit zur Ausnutzung zu sexuellen Handlungen geben. Gerade geistig behinderte Menschen sind aber wegen ihrer geringeren Wahrnehmungsmöglichkeiten und ihrer eingeschränkten intellektuellen Fähigkeiten häufig überfordert, zweideutige Situationen richtig einzuschätzen, sowie sexuelle Übergriffe rechtzeitig zu erkennen und abzuwehren.[299]

Die im Vergleich zu § 177 StGB geringeren Anforderungen an das Täterverhalten werden dabei der erhöhten Schutzbedürftigkeit des widerstandsunfähigen Opfers gerecht, das aufgrund eines potentiell höheren Grades an sozialer Isolation, der besonderen Abhängigkeits- und Beziehungssituationen, des häufig geringeren Selbstbewusstseins, der Erziehung zur Anpassung, sowie aufgrund der eingeschränkten Kommunikationsfähigkeit besteht.[300]

Es ist allerdings nicht Zweck der Vorschrift, psychisch oder physisch widerstandsunfähige Menschen, dadurch zu sexueller Enthaltsamkeit zu verurteilen, dass jeder geschlechtliche Kontakt mit ihnen unter Strafe gestellt wird.[301]
Denn dies wäre bereits mit dem Grundgesetz unvereinbar, das in Art. 1 GG als obersten Grundsatz formuliert, dass die Würde des Menschen unantastbar ist.
Darüber hinaus haben auch behinderte Personen gemäß Art. 2 GG das Recht auf freie Entfaltung der Persönlichkeit.
Ferner sind nach Art. 3 GG alle Menschen unabhängig von ihrer körperlichen oder geistigen Verfassung vor dem Gesetz gleich und dürfen insbesondere auch nicht wegen ihrer Behinderung benachteiligt werden (Art. 3 III 2 GG).
So gehört gelebte Sexualität auch für behinderte Menschen zur Normalität des Alltags und darf, jedenfalls wenn sie im Rahmen einer freiwilligen einverständlichen sexuellen Beziehung erfolgt nicht dem Strafrecht unterstellt werden.[302]

[297] KG NJW 1977, 817 (Urt. v. 25.08.1976 – (1) Ss 374/75 (27/76)); NK-StGB-Frommel, 2005, § 179 StGB, Rdnr. 10; Kreß, NJW 1998, 639.
[298] Rühling/Kassebrock, in: Handwörterbuch Sexueller Missbrauch, S. 31.
[299] Rühling/Kassebrock in: Handwörterbuch Sexueller Missbrauch, S. 32; BT-Drucks. 15/3154, S. 2.
[300] BT-Drucks. 15/3154, S. 1.
[301] BT-Drucks. VI/3521, S. 41; BGHSt 32, 183, 186 (Urt. v. 06.12.1983 – 1 StR 651/83).
[302] Heinz-Grimm in: Walter, Sexualität und geistige Behinderung, S. 431.

Da ein Allgemeininteresse an der Reglementierung der sexuellen Betätigung von Menschen, die dauerhaft oder vorübergehend kein wirksames Einverständnis erteilen können, nicht geschützt ist, ist die Vorschrift dort restriktiv auszulegen, wo Schutz in Bevormundung umschlagen würde.[303]

§ 179 StGB stellt daher nur solche sexuellen Handlungen des Täters unter Strafe, gegen die sich der Widerstandsunfähige selbst nicht schützen kann, der Täter sich die Widerstandsunfähigkeit bewusst zunutze macht und sein Verhalten auf Grund seines Vorgehens oder seiner Motive als Missbrauch des Opfers erscheint.[304]

Stimmt das Opfer der sexuellen Handlung zu, so kommt infolge dessen bei allein körperlicher Widerstandsunfähigkeit im Sinne des § 179 I Nr. 2 StGB eine Strafbarkeit nach § 179 StGB nicht in Betracht. Bei psychisch bedingter Widerstandsunfähigkeit im Sinne des § 179 I Nr. 1 StGB kommt es darauf an, ob die Ausnutzung einer Zustimmung sich als "Missbrauch" darstellt.[305]
Darüber hinaus ist § 179 StGB anwendbar, wenn es aus den in § 179 I StGB genannten Gründen an jeder Willensentscheidung des Opfers fehlt.

Unanwendbar ist § 179 StGB dagegen auf Kinder, deren mangelnde Abwehrfähigkeit nicht zumindest auch auf körperlichen Gebrechen oder äußerer Einwirkung, sondern nur auf ihrer noch nicht abgeschlossenen körperlichen und geistigen Reife beruht, da sie dann ausreichend durch die §§ 176, 176 a StGB geschützt werden.[306]

II. Veränderungen durch die Reformen

1. Das 33. Strafrechtsänderungsgesetz vom 01.07.1997

Mit dem 33. Strafrechtsänderungsgesetz wurde der Anwendungsbereich des § 179 StGB auf eheliche Sexualkontakte erweitert und die Vorschrift geschlechtsneutral formuliert. Weiterhin wurde die Versuchsstrafbarkeit eingeführt und der minder schwere Fall des § 179 II StGB a.F. abgeschafft.

[303] vgl. NK-StGB-Frommel, § 179 StGB, Rdnr. 10.
[304] BGH JZ 1984, 479, 480 (Urt. v. 06.12.1983 – 1 StR 651/83).
[305] T/F-Fischer, § 179 StGB, Rdnr. 4.
[306] LK-Laufhütte, § 179 StGB, Rdnr. 9.

2. Das 6. Strafrechtsreformgesetz vom 26.01.1998

Durch das 6. Strafrechtsreformgesetz wurde der Strafrahmen des Grundtatbestandes an § 176 I StGB angepasst und auf 6 Monate bis zu 10 Jahren erhöht.
Darüber hinaus wurde § 179 StGB auf der Ebene der Verbrechensqualifikation an die §§ 176, 176 a StGB angepasst und in Entsprechung zu §§ 176 II, 177 StGB auf Sexualkontakte mit Dritten ausgedehnt, § 179 II StGB.[307] Vor der Reform wurde § 179 StGB a.F. als eigenhändiges Delikt beurteilt, mit der Folge, dass derjenige, der den Akt nicht selbst vollzog, nicht Täter sein konnte. Begründet wurde dies damit, dass der vom Gesetzgeber in den §§ 177, 178 StGB a.F. ausdrücklich eingefügte Zusatz „mit einem Dritten" fehlte.[308]

Schließlich wurden parallel zu § 177 II, 176 a IV (jetzt V), 176 b StGB neue Qualifikationstatbestände eingeführt.
Zur Kompensation der generellen Strafschärfung wurde erneut der minder schwere Fall eingefügt.[309]
Da die terminologische Anlehnung an § 20 StGB in § 179 I StGB als diskriminierend empfunden wurde, wurden die Begriffe durch solche des Behindertenrechts ersetzt.[310] Insbesondere den Begriff „Abartigkeit" hat man durch den Begriff „Störung" ersetzt, ohne dass damit allerdings eine inhaltliche Änderung beabsichtigt war.[311]

3. Das Gesetz zur Änderung der Vorschriften über die Straftaten gegen die sexuelle Selbstbestimmung und zur Änderung anderer Vorschriften vom 27.12.2003

Schließlich wurde die Vorschrift durch das Gesetz zur Änderung der Vorschriften über die Straftaten gegen die sexuelle Selbstbestimmung und zur Änderung anderer Vorschriften vom 27.12.2003[312] dahingehend geändert, dass unter Beibehaltung des Grundtatbestandes in § 179 I StGB als Vergehen in § 179 III StGB ein unbenannter besonders schwerer Fall mit einer Mindeststrafe von einem Jahr eingefügt wurde.

Auch wurde der minder schwere Fall des Grunddelikts gestrichen und die Mindeststrafe für den qualifizierten Missbrauch nach § 179 V StGB auf zwei Jahre angehoben.

[307] Kreß, NJW 1998, 639.
[308] KG, NJW 1977, 817, 818 (Urt. v. 25.08.1976 – (1) Ss 374/75 (27/76)); Schall, JuS 1979, 106.
[309] Renzikowski, NStZ 1999, 384.
[310] S/S-Lenckner/Perron, Vorbem. z. §§ 174 ff StGB, Rdnr. 6.
[311] BT-Drucks. 13/2463, S. 6.
[312] BGBl. I S. 3007.

Ferner wurde der Strafrahmen für den minder schweren Fall des qualifizierten Missbrauchs in § 179 VI StGB auf Freiheitsstrafe von einem bis zu zehn Jahren angehoben.
Darüber hinaus wurde die Erfolgsqualifikation in § 179 VII StGB an die §§ 177 IV Nr. 2, 178 StGB angeglichen. Hiermit war jedoch keine sachliche Änderung bezweckt, sondern es sollte lediglich klargestellt werden, dass widerstandsunfähige Personen nicht wie Kinder behandelt werden dürfen.[313]
Zwar hat der Gesetzgeber noch im 6. Strafrechtsreformgesetz die Tatbestände und Rechtsfolgen der §§ 176 und 179 StGB einander mit dem Argument angeglichen, dass sich widerstandsunfähige Personen im Sinne des § 179 StGB und Kinder im Sinne der §§ 176, 176 a StGB dem Täter gegenüber in einer vergleichbaren, durch Schutz- und Hilflosigkeit gekennzeichneten Lage befinden.[314]
Da diese Verweisung aber massiv kritisiert und insbesondere als diskriminierend im Hinblick auf das sexuelle Selbstbestimmungsrecht von behinderten Menschen empfunden wurde[315], nahm man von dem Vergleich nun wieder Abstand.

III. Gründe für die Gesetzesänderung 2004

Bereits während des Gesetzgebungsverfahrens zum 6. Strafrechtsreformgesetz war umstritten, ob für § 179 StGB neben § 177 I Nr. 3 StGB überhaupt noch ein Anwendungsbereich verbleibt, ferner ob der Grundtatbestand des § 179 StGB weiterhin als Vergehen ausgestaltet bleiben soll, oder ob im Hinblick auf die Ausgestaltung des § 177 I StGB als Verbrechen Korrekturbedarf besteht.

Da nach inzwischen nahezu einhelliger Meinung für § 179 StGB weiterhin ein Anwendungsbereich namentlich in den Fällen verbleibt, in welchen das Opfer nicht in der Lage ist, überhaupt einen der Tat entgegenstehenden Willen zu bilden[316], oder ein unwirksames Einverständnis gegeben hat, ist im Folgenden zu prüfen, ob tatsächlich eine unterschiedliche Strafschwere zwischen § 179 StGB und § 177 StGB existiert. Nur dann wäre der auch nach der Gesetzesreform bestehende Strafrahmenunterschied rechtmäßig, da es dem Gesetzgeber über Art. 3 GG verboten ist, vergleichbare Rechtsgutträgergruppen willkürlich ungleich zu behandeln.

[313] so auch MünchKommStGB-Renzikowski, § 179 StGB, Rdnr. 13.
[314] vgl. u.a. BT-Drucks. 15/350, S. 19.
[315] T/F-Fischer, § 179 StGB, Rdnr.1; Schroeder, JZ 1999, 830; Mildenberger, S. 83.
[316] vgl. u.a. Bericht der Bundesregierung zu § 179 StGB, März 2001, S. 7.

1. Argumente für die Beibehaltung der unterschiedlichen Strafrahmen

Für eine Einordnung des Grundtatbestandes in § 179 I StGB als Vergehen spricht nach Ansicht der Vertreter der „Vergehenslösung", dass es ein schwerer und aus strafrechtlicher Sicht nicht zu rechtfertigender Systembruch wäre, bereits die schlichte, ohne Einsatz von Nötigungsmitteln erfolgte Vornahme einer sexuellen Handlung als Verbrechen einzustufen.[317]

Mit den Reformen 1997 und 1998 habe der Gesetzgeber einige Verbrechensmerkmale in den Vergehenstatbestand des § 179 StGB eingefügt, bei deren Vorliegen auch der Missbrauch der in § 179 StGB genannten Personengruppe als Verbrechen geahndet wird.
Auch galt für die schwersten Fälle des sexuellen Missbrauchs mit der inzwischen geänderten Verweisung in § 179 VI StGB a.F. auf § 176 a IV StGB a.F. und § 176 b StGB dieselben Strafdrohungen wie für sexuelle Nötigung und Vergewaltigung in §§ 177 IV, 178 StGB.[318]

Bei sonstigen sexuellen Handlungen müsse hingegen systematisch konsequent zugunsten des Täters berücksichtigt werden, dass er keine Willensbeugung wie bei § 177 StGB begehen musste[319] und seine kriminelle Energie daher geringer ist.
Infolge dessen seien auch die Einwände aus Art. 3 I GG und Art. 2 I, 1 I GG gegen die geringere Strafandrohung nicht haltbar, da mit Beibehaltung des § 179 StGB lediglich Strafbarkeitslücken in den Fällen geschlossen werden sollen, in denen das Opfer von vorneherein keinen entgegenstehenden Willen bilden konnte.
Ferner würde eine Angleichung die Unterscheidung zwischen Adressaten einer Nötigung und widerstandsunfähigen Opfern überflüssig machen.[320]

So vertrat auch das Bundesministerium der Justiz zunächst die Auffassung, dass von einer Änderung der Strafdrohungen in § 179 StGB abzusehen sei.[321]
Begründet wurde dies damit, dass § 179 I, II StGB ebenso wie § 176 I, II StGB einem abstrakten Gefährdungsdelikt vergleichbar weit gefasst ist, so dass insbesondere keine tatsächliche Schädigung oder Gefährdung im Einzelfall eingetreten sein muss.
Infolge dessen würde eine Mindestfreiheitsstrafe von einem Jahr über den Unrechts- und Schuldgehalt eines nicht geringen Teils der von § 179 I, II StGB erfassten Taten hinausgehen.

[317] BT-Drucks. 13/9064, S. 13.
[318] Bericht der Bundesregierung zu § 179 StGB, März 2001, S. 9.
[319] Frommel, Die Reform der Sexualdelikte 1997/1998, S. 12.
[320] MünchKomm-Renzikowski, § 179 StGB, Rdnr. 13.
[321] Bericht der Bundesregierung zu § 179 StGB, März 2001, S. 9.

2. Argumente für eine Angleichung der Strafrahmen

Die Verfechter der „Verbrechenslösung“ vertreten demgegenüber die Ansicht, dass durch die unterschiedlichen Strafrahmen in § 177 StGB und § 179 StGB der allgemeine Gleichheitsgrundsatz des Art. 3 I GG und das allgemeine Persönlichkeitsrecht des Art. 2 I, 1 I GG verletzt werden.
Denn bei den Widerstandsunfähigen im engeren Sinne seien dadurch, dass ihre Willensbildungsfreiheit vollständig aufgehoben bzw. nicht vorhanden ist, nur geringe oder überhaupt keine Selbstschutzmöglichkeiten vorhanden, so dass ein Täter, der sexuelle Handlungen an ihnen vornimmt besonders verwerflich handelt.[322]
Für die Ausnutzung der völligen Widerstandsunfähigkeit sei daher eine ebenso hohe kriminelle Energie erforderlich, wie für die Überwindung eines entgegenstehenden Willens.[323]
Infolge dessen sei das Argument, bei Angleichung der Strafrahmen entstünde ein "Systembruch" nicht zwingend, da insbesondere bei absolut widerstandsunfähigen Menschen die Bereitlegung und Benutzung gleich einer Sache, ohne dass das Opfer auch nur die geringste Chance zur Manifestation seines entgegenstehenden Willens hat, mindestens ebenso erniedrigend sei, wie die sexuelle Nötigung eines grundsätzlich widerstandsfähigen Opfers.[324]

Ferner seien die Auswirkungen der Tat auf das Opfer aufgrund des regelmäßig eingeschränkten Bewältigungspotentials geistig behinderter Menschen mindestens ebenso gravierend.[325]
Auch in diesen Fällen liege ein Eingriff in die intimste Sphäre des Opfers vor. Darüber hinaus finden die Übergriffe nicht selten von Seiten des Pflegepersonals statt, zu dem aufgrund der Angewiesenheit schwerstbehinderter Opfer häufig ein besonderes Vertrauensverhältnis bestehe.[326]

[322] Oberlies in: Zinsmeister, Sexuelle Gewalt gegen behinderte Menschen und das Recht, 2003, S. 32;
Bundesvereinigung Lebenshilfe-Lachwitz/Wendt, Stellungnahme vom 05.02.2003 zu BT-Drucks. 15/350, S. 2 (nachzulesen unter: www.lebenshilfe.de/recht/Dokumente/Stellungnahme%2010.02..htm);
Helmken, ZRP 1996, 242, 243, der in diesem Zusammenhang ausführt: „Der Täter der sich ein Opfer aus dem Schutzbereich des § 179 StGB wählt, verstößt damit gegen eine der Grundregeln menschlichen Zusammenlebens, die besagt, dass es moralisch verwerflich ist, wenn der geistig und/oder psychisch Überlegene gegen den insoweit Unterlegenen von seiner Übermacht Gebrauch macht. Die Idee des Minderheitenschutzes wie auch die zitierte Vorschrift des Art. 3 III 2 GG ist Ausdruck dieser ethischen Grundnorm aller menschlichen Gesellschaften.(...) Es spräche also nichts dagegen, die Strafrahmen des § 179 StGB denen des § 177 StGB anzugleichen, da der strafmildernde Gesichtspunkt der geringeren kriminellen Energie durch den strafschärfenden Aspekt der verwerflichen Gesinnung aufgehoben werden kann.“
[323] BT-Drucks. 15/1642, S. 3.
[324] Reichenbach, GA 2003, 558.
[325] BT-Drucks. 15/3154, S. 1.
[326] Reichenbach, GA 2003, 559, 560.

Durch die Angleichung der Strafrahmen könne deutlich gemacht werden, dass Widerstandsunfähige nicht weniger schutzbedürftig und schutzwürdig sind als Widerstandsfähige.[327]
So lasse ein Vergleich mit anderen Strafvorschriften eine Diskriminierung widerstandsunfähiger Personen annehmen. Zwar sei richtig, dass der Täter, der eine widerstandsunfähige Person missbraucht, eine Gelegenheit, nämlich die Widerstandsunfähigkeit „lediglich" ausnutzt. Tötet aber eine Frau eine schlafende Person und nützt deren Arg- und Wehrlosigkeit aus, so handelt sie heimtückisch mit der Folge, dass statt Totschlag gemäß § 212 StGB mit einer Strafandrohung von 5 bis 15 Jahren Freiheitsstrafe sogar Mord gemäß § 211 StGB mit einer lebenslangen Freiheitsstrafe angenommen wird.[328]

Auch der Täter, der ein Opfer unter Ausnutzung von dessen Hilflosigkeit bestiehlt, wird gemäß § 243 I Nr. 6 StGB schwerer bestraft, wohingegen der Angriff auf ein Opfer, das keinen entgegenstehenden Willen bilden kann, bei Sexualstraftaten im Vergleich milder bestraft wird.[329]
Zwar versucht Schroeder[330] dieses Argument zu entkräften indem er erklärt, dass der Diebstahl unter Ausnutzung einer Notlage nach der Gleichstellungslehre als Raub angesehen werden müsste, ferner bei dem Bestehlen eines Hilflosen bereits an ein rechtswidriges Verhalten angeknüpft würde, wohingegen es bei § 179 StGB um ein rechtsneutrales Verhalten gehe.

Diese Argumente sind jedoch unzutreffend. § 243 I 2 Nr. 6 StGB kann nicht als Beleg dafür herangezogen werden, dass das Unrecht des Ausnutzens hinter dem des Nötigens zurückbleibt. Im Vergleich zum Grundtatbestand des Diebstahls gemäß § 242 StGB stellt § 243 I 2 Nr. 6 StGB unstreitig eine Strafschärfung dar und zeigt, dass die Rechtsordnung die Ausnutzung der Hilflosigkeit des Opfers als im Verhältnis zum Grundtatbestand erhöht strafwürdig ansieht.[331]
Auch enthält der Raubtatbestand im Unterschied zum Tatbestand der sexuellen Nötigung nur die Nötigungsmittel "Gewalt" und "Drohung", nicht aber das der "Ausnutzung einer schutzlosen Lage".

Darüber hinaus bezieht sich § 179 StGB nicht auf den Geschlechtsverkehr als ein strafloses, rechtsneutrales Verhalten des Täters, sondern es geht in diesen Fällen um sexuellen Missbrauch, der unstreitig ein rechtswidriges Verhalten darstellt.[332]

Schließlich hätte die Qualifizierung der Vorschrift als Verbrechen auch den Vorteil, dass Verfahren nicht mehr aus Arbeitserleichterungsgründen nach den §§ 153, 153 a

[327] BT-Drucks. 15/1311, S. 20.
[328] so Oberlies in: Zinsmeister, S. 32.
[329] Helmken ZRP 1995, 307.
[330] Schroeder, GA 2000, 294.
[331] Reichenbach, GA 2003, 562, 563.
[332] Mildenberger, S. 81.

StPO eingestellt werden könnten und Vorbereitungshandlungen unter den Voraussetzungen des § 30 StGB strafbar wären.

3. Vermittelnde Lösung des Gesetzgebers

Der Gesetzgeber hat einerseits die Ausgestaltung des Grundtatbestandes des § 179 I StGB als Vergehen unverändert belassen, anderseits aber mit Einführung des unbenannten besonders schweren Falles in § 179 III StGB auch die Bestrafung der Tat als Verbrechen ermöglicht.
Vorteil der gewählten Lösung ist, dass auf der einen Seite durch die Ausgestaltung des Grundtatbestandes als Vergehen die gesamte Bandbreite der Sanktionsmöglichkeiten erhalten bleibt, durch § 179 III StGB andererseits aber auch die Möglichkeit eröffnet wird, schwerwiegendere Fälle angemessen als Verbrechen sanktionieren zu können.

4. Stellungnahme

Mit der Gesetzesänderung wird nun ein umfassender strafrechtlicher Schutz behinderter Menschen gegen sexuelle Übergriffe gewährleistet und mit der Strafrahmenangleichung insbesondere auch das Ziel der Antidiskriminierung behinderter Menschen erreicht.

Durch den Strafrahmen von 6 Monaten bis zu 10 Jahren in § 179 I StGB können Missbrauchshandlungen geringerer Schwere noch angemessen sanktioniert und gegebenenfalls auch nach §§ 153, 153 a StPO eingestellt werden.
Auch lassen sich die Vorschriften so auslegen, dass der im Vergleich zu § 177 I StGB niedrigere Strafrahmen § 179 I StGB keinen Verstoß gegen Art. 3 GG darstellt.
So verstößt die Alternative des § 179 I Nr. 1 StGB nicht gegen Art. 3 III 2 GG, denn das Differenzierungsverbot aus Art. 3 III 2 GG enthält ein absolutes Differenzierungsverbot nur in Bezug auf Ungleichbehandlungen wegen der Behinderung, während eine Bevorzugung aus diesem Grunde zulässig ist.[333]
Durch § 179 I Nr. 1 StGB werden dementsprechend psychisch widerstandsunfähige Personen lediglich zusätzlich geschützt, da hierdurch ein Täter auch bestraft werden kann, wenn das Opfer einen entgegenstehenden Willen nicht gebildet hat, oder dieser jedenfalls nicht erkennbar war.
Allerdings ist in diesem Zusammenhang zu beachten, dass Widerstandsunfähige, die keinen entgegenstehenden Willen bilden können, nur wegen des in § 177 StGB vorausgesetzten, aber weder dogmatisch noch kriminalpolitisch zwingenden Erfor-

[333] Pieroth/Schlink, Rdnr. 492.

dernisses einer Willensbeugung aus dem Schutzbereich dieser Vorschrift ausgeschlossen werden.[334]
Da die Fälle, die einen mit § 177 I StGB vergleichbaren Unrechtsgehalt haben, nun jedoch problemlos als "besonders schwerer Fall" unter § 179 III StGB subsumiert werden können, der die gleiche Strafandrohung enthält wie § 177 I StGB, liegt keine Benachteiligung im Sinne des Art. 3 III 2 GG vor.

Es bleibt allerdings abzuwarten, ob dies nun von den Gerichten auch tatsächlich so gehandhabt wird. Denn durch die getroffene Regelung besteht natürlich auch weiterhin die Möglichkeit, Verfahren schnell durch Strafbefehl oder über §§ 153, 153 a StPO zu erledigen.

Zu erwägen ist aber, ob die Vorschrift des § 179 I Nr.2 StGB gegen Art. 3 III 2 GG verstößt, da dieser ein spezielles Benachteiligungsverbot darstellt, durch welches eine unterschiedliche Behandlung nur dann zulässig ist, wenn dies aus zwingenden Gründen erforderlich ist.
Körperlich behinderte Menschen werden benachteiligt, wenn ein Täter, der sexuelle Handlungen an ihnen gegen ihren tatsächlichen, aber infolge ihrer Behinderung nicht geäußerten entgegenstehenden Willen vornimmt, nicht wegen „sexueller Nötigung“ nach § 177 I Nr. 3 StGB, sondern „nur“ wegen „sexuellen Missbrauchs“ nach § 179 I Nr. 2 StGB bestraft wird.

Vor Einführung des § 179 III StGB lag in der unterschiedlichen Strafandrohung ein Verstoß gegen Art. 3 III 2 GG, da sie zum einen auf der am Täterstrafrecht ausgerichteten Überlegung basierte, dass die kriminelle Energie des gewaltanwendenden Täters größer ist als die desjenigen, der nur eine günstige Konstellation zur Durchsetzung seiner Ziele ausnutzt.
Zum anderen wurde sie auch damit begründet, dass die Auswirkungen der Tat für das Opfer weniger gravierend seien, wenn zur Durchführung der Tat nicht dessen Widerstand gebrochen wurde.[335]

Ein körperlich behinderter Mensch erlebt aber aufgrund seines generell vorhandenen entgegenstehenden Willens dieselbe Erniedrigung, wie widerstandsfähige Personen.

Darüber hinaus sind die Folgen eines sexuellen Übergriffs bei körperlich behinderten Menschen häufig noch unausweichlicher, da insbesondere Menschen mit schwerer körperlicher Behinderung sexuellen Übergriffen schutzlos gegenüberstehen. Hinzu kommt, dass körperlich behinderte Menschen aufgrund der ablehnenden Haltung, die ihnen oft von Geburt an entgegengebracht wird meist kein ausgeprägtes Selbstwertgefühl und ein negatives Körperbewusstsein besitzen, da laufend untersucht wird, was ihnen fehlt und was sie nicht können. Auch wird behinderten Menschen häufig bei ärztlichen Untersuchungen und Pflegetätigkeiten die Intimsphäre abgesprochen.

[334] Reichenbach, GA 2003, 565.
[335] Helmken, ZRP 1996, 242; so auch Renzikowski, NStZ 1999, 385.

Zwar bietet die Vorschrift des § 179 I Nr. 2 StGB für behinderte Menschen in gewisser Weise ein Mehr an Schutz, so dass sie damit sogar durch Art. 3 III 2 GG erlaubt bevorzugt werden.
Denn kann der Nachweis eines entgegenstehenden Willens nicht erbracht werden, so können die Gerichte auf § 179 I Nr. 2 StGB zurückgreifen und der Täter kann zumindest wegen Missbrauchs Widerstandsunfähiger bestraft werden.

Da mit Einführung des „besonders schweren Falles“ in § 179 III StGB die Möglichkeit einer Bestrafung mit der gleichen Strafhöhe wie in § 177 I StGB geschaffen wurde, hat sich die bisher existierende Gefahr verringert, dass Täter geringer bestraft werden, weil § 179 StGB als "Arbeitserleichterungsvorschrift" durch die Gerichte angewandt wird, um das Vorliegen des entgegenstehenden Willens nicht prüfen zu müssen.[336]

Dennoch ist die Vorschrift des § 179 I Nr. 2 StGB nach der hier vertretenen Auslegung des Merkmals „Nötigung“ in § 177 I Nr. 3 StGB nun beschränkt auf die Fälle, in denen die körperlich widerstandsunfähige Person einen zumindest generellen entgegenstehenden Willen zwar gebildet, aber nicht geäußert hat und dessen Vorliegen auch nicht der Situation immanent war. Denn der Fall, dass eine lediglich körperlich widerstandsunfähige Person überhaupt keinen generellen Willen bilden kann, ist kaum denkbar.
Liegt hingegen ein Einverständnis des lediglich körperlich widerstandsunfähigen Menschen vor, so kann die Vornahme der sexuellen Handlung nicht strafbar sein.

Zweifelhaft ist in Anbetracht des geringen Anwendungsbereichs der Vorschrift, ob diese noch erforderlich ist, zumal eine reelle Gefahr besteht, dass körperlich widerstandsunfähige Menschen durch die Existenz der Vorschrift sogar in der Ausübung ihres sexuellen Selbstbestimmungsrechts beschränkt werden.
Denn mögliche Sexualpartner könnten aus Angst sich strafbar zu machen, vor der Eingehung einer sexuellen Beziehung zurückschrecken mit der Folge, dass körperlich behinderte Menschen faktisch zur Enthaltsamkeit gezwungen wären.[337]

Die mit dem Gesetz zur Änderung der Vorschriften über die Straftaten gegen die sexuelle Selbstbestimmung und zur Änderung anderer Vorschriften geänderte Verweisung in § 179 VII StGB auf §§ 177 IV Nr. 2, 178 StGB ist in jedem Fall zu begrüßen.
Die Anlehnung des § 179 VI StGB a.F. an die §§ 176, 176 a StGB war zwar insofern verständlich, als in beiden Fällen die „Wahrnehmung einer günstigen Gelegen-

[336] Dies wies Oberlies durch Auswertung diverser Urteile deutlich nach in: ZStW 2002, 135.
[337] Für eine Abschaffung des § 179 I Nr. 2 StGB auch Reichenbach, GA 2003, 568 mit der Begründung, dass neben § 177 I Nr. 3 StGB kein eigener Anwendungsbereich verbleibt, da Personen, die nur körperlich zum Widerstand unfähig sind, einen der Tat entgegenstehenden Willen bilden und äußern können.

Die Anlehnung des § 179 VI StGB a.F. an die §§ 176, 176 a StGB war zwar insofern verständlich, als in beiden Fällen die „Wahrnehmung einer günstigen Gelegenheit" durch den Täter bestraft wird, wohingegen in § 177 StGB zunächst ein entgegenstehender Wille gebeugt werden muss.

Aber der Schutzzweck des § 179 StGB ist nicht mit dem der §§ 176, 176 a StGB vergleichbar. Denn Sexualkontakte mit Widerstandsunfähigen sollen im Unterschied zu solchen mit Kindern nicht generell unter Strafe gestellt werden, da es keinen Grund gibt, Widerstandsunfähige zu sexueller Enthaltsamkeit zu zwingen.[338]

Darüber hinaus ist auch das Täterprofil bei § 179 StGB ein völlig anderes als bei § 176 StGB. Während bei sexuellem Missbrauch von Kindern die Täter sehr oft an einer Persönlichkeitsstörung mit damit einhergehendem Wiederholungszwang leiden, werden insbesondere geistig behinderte Menschen häufig aufgrund eines spontanen Entschlusses bei Vorliegen einer günstigen Gelegenheit sexuell missbraucht.[339]

Schließlich wurde die Gleichsetzung von Widerstandsunfähigen mit Kindern auch als diskriminierend empfunden.

Trotz diverser sinnvoller Änderung durch das Gesetz zur Änderung der Vorschriften über die Straftaten gegen die sexuelle Selbstbestimmung und zur Änderung anderer Vorschriften und insbesondere der zu begrüßenden Angleichung an die Strafrahmen des § 177 StGB bleibt aber zumindest eine Ungerechtigkeit bestehen.

Während der Qualifikationstatbestand des § 179 V Nr. 3 StGB für Fälle, in denen der Täter das Opfer durch die Tat in die Gefahr einer schweren Gesundheitsschädigung gebracht hat die Bestrafung mit Freiheitsstrafe nicht unter zwei Jahren (bisher sogar nur Freiheitsstrafe nicht unter einem Jahr) vorsieht, wird die gleiche Gefahrverursachung in § 177 III Nr. 3 StGB mit Freiheitsstrafe nicht unter drei Jahren bestraft, obwohl nach herrschender Meinung die Gesundheitsschädigung bei § 177 III Nr. 3 StGB nicht nur Folge der Nötigungshandlung, sondern auch der sexuellen Handlung selbst sein kann.[340]

Der unterschiedliche Strafrahmen lässt sich somit weder mit Blick auf die Schwere der Schuld, noch auf die Auswirkungen der Tat rechtfertigen.

[338] Reichenbach, GA 2003, 561.

[339] Bundesvereinigung Lebenshilfe-Lachwitz/Wendt, Stellungnahme vom 05.02.2003 zu BT-Drucks. 15/350, S. 3 (www.lebenshilfe.de/recht/Dokumente/ Stellungnahme%2010.02..htm).

[340] Reichenbach, GA 2003, 560.

IV. Definitionen

1. Begriff der Widerstandsunfähigkeit

Das Opfer ist zum Widerstand unfähig, wenn es gegenüber dem sexuellen Ansinnen des Täters keinen zur Abwehr ausreichenden Widerstandswillen bilden, äußern oder realisieren kann.
Zwar ist dies nur dann der Fall, wenn das Opfer zu jeglicher Abwehrhaltung unfähig ist[341], jedoch muss es sich hierbei nicht um einen Dauerzustand handeln. Entscheidend ist, ob die Widerstandsunfähigkeit im Zeitpunkt der Tat bestand.[342]

Wer im Zeitpunkt der Tat „nein" sagen kann, bei dem liegt keine psychische Widerstandsunfähigkeit vor, wer in der Lage ist, die Hände des Täters zur Seite zu schieben, ist nicht körperlich widerstandsunfähig.[343] Eine Widerstandsunfähigkeit wurde in der Vergangenheit selbst dann abgelehnt, wenn das Opfer seinen Widerwillen gegen die sexuelle Handlung nur durch ein Wälzen auf der Liege oder durch Schreien zum Ausdruck bringt, da sich die Unfähigkeit nicht auf den Widerstand gegen etwaige Gewaltakte bezieht, sondern gegen das sexuelle Ansinnen als solches.[344]

2. Psychisch bedingte Widerstandsunfähigkeit nach § 179 I Nr. 1 StGB

Für die Beurteilung der geistig-seelischen Beeinträchtigung sind die von der Rechtsprechung zum Ausschluss oder zur erheblichen Minderung der Schuldfähigkeit eines Täters entwickelten Grundsätze entsprechend anwendbar.
Es ist also aufgrund einer Gesamtbetrachtung, in die auch die Besonderheiten des Tatgeschehens einzubeziehen sind, die geistig-seelische Verfassung des Opfers und deren konkrete Auswirkungen auf das Opferverhalten zu untersuchen.[345]

Zu prüfen ist zunächst, ob eine geistige oder seelische Krankheit oder Behinderung einschließlich einer Suchtkrankheit oder eine tiefgreifende Bewusstseinsstörung vorliegt.

Geistige Behinderungen sind angeborene oder frühzeitig erworbene Intelligenzdefekte[346], wobei der Begriff „geistige Behinderung" keinen bestimmten Schädigungs-

341 BGHSt 36, 145, 147 (Urt. v. 15.03.1989 – 2 StR 662/88); BGHSt 32, 183, 185 (Urt. v. 06.12.1983 – 1 StR 651/83).
342 S/S-Lenckner/Perron, § 179 StGB, Rdnr. 3; BGH Beschl. v. 26.01.2005 – 2 StR 456/04.
343 Mildenberger, S. 78.
344 BGH StV 1984, 332, 333 (Urt. v. 02.12.1982 – 4 StR 592/82); Schroeder, JZ 1999, 830.
345 BGH NStZ 1998, 83 (Beschl. v. 23.09.1997 – 4 StR 433/97); BGHSt 36, 145, 147 (Urt. v. 15.03.1989 – 2 StR 662/88).

umfang bezeichnet, sondern je nach Einzelfall ein ganz unterschiedliches Ausmaß einer Schädigung meinen kann. Doch wird in der Regel auf den Intelligenzquotienten zur Beschreibung der Behinderungsgrade zurückgegriffen.[347]

Seelische Behinderungen sind bleibende psychische Beeinträchtigungen, die Folge von psychischen Krankheiten sind.[348]

Geistige Krankheiten sind exogene Psychosen, die nachweisbar auf hirnorganischen Ursachen oder auf anderen körperlichen Krankheitsvorgängen beruhen, die sich im Gehirn auswirken.[349]

Seelische Krankheiten sind endogene Psychosen, deren somatische Ursachen noch nicht hinreichend geklärt sind, aber aufgrund des bisherigen Erkenntnisstandes vermutet werden.[350]

Darüber hinaus reicht aber auch jede seelische Störung aus, deren psychische Auswirkungen eine tatbestandsmäßige Widerstandsunfähigkeit auslösen, was die ausdrückliche Erwähnung der Suchtkrankheit in § 179 I Nr. 1 StGB zeigt.[351]

Eine Bewusstseinsstörung liegt insbesondere vor bei Schlaf, Bewusstlosigkeit, Erschöpfungszuständen, Hypnose oder Schock, darüber hinaus werden auch der Rausch infolge Alkoholgenusses und drogenbedingte Bewusstseinsstörungen erfasst[352], ebenso Fälle, in denen das Opfer infolge Schreck oder Überraschung keinen Widerstandswillen bilden kann.[353]

Insgesamt ist die psychische Widerstandsunfähigkeit durch die Neufassung des § 179 StGB im Zuge der Reform des Sexualstrafrechts von den in § 20 StGB angeführten biologischen Faktoren sprachlich weitgehend gelöst und durch Begriffe des Behindertenrechts ersetzt worden.[354]

Allerdings genügt allein die Feststellung einer geistigen oder seelischen Krankheit oder Behinderung noch nicht, um die Annahme der Widerstandsunfähigkeit im Sinne des § 179 StGB zu begründen.[355]

Vielmehr müssen darüber hinaus die genannten psychischen Störungen zur Widerstandsunfähigkeit gegenüber dem konkreten sexuellen Ansinnen des Täters geführt haben.[356] Dabei kommt es nach herrschender Meinung nicht auf eine Widerstandsunfähigkeit gegen etwaige Gewalthandlungen des Täters, sondern allein darauf an,

[346] Otto, Jura 1998, 214.
[347] Hoffmann, S. 25.
[348] Otto, Jura 1998, 214.
[349] Otto, Jura 1998, 214.
[350] Otto, Jura 1998, 214.
[351] NK-StGB-Frommel, 2005, § 179 StGB, Rdnr. 22.
[352] Harbeck, S. 123, 124.
[353] BGHSt. 36, 145, 146 (Urt. v. 15.03.1989 - 2 StR 662/88).
[354] vgl. Harbeck, S. 123.
[355] BGH NStZ 2003, 602 f (Beschl. v. 01.04.2003 – 4 StR 96/03).
[356] S/S-Lenckner/Perron, § 179 StGB, Rdnr. 4, 5, 6.

ob das Opfer grundsätzlich in der Lage ist, dem "sexuellen Ansinnen" des Täters einen eigenen Willen entgegenzusetzen.
Denn § 179 StGB erfasst gerade nicht die Fälle der Beugung eines entgegenstehenden Willens, sondern Fälle in denen die äußere Zustimmung oder Teilnahmslosigkeit des Opfers nicht auf einem frei gebildeten Willen beruht und daher auch nicht als Zustimmung verstanden werden darf, und der Täter dies erkennt.[357]

Da nach dem Gesetzeswortlaut ("wegen") die Widerstandsunfähigkeit des Opfers auf dessen Störung beruhen muss, ist maßgeblich, ob das hypothetisch von psychischen Defekten freie Opfer den Täter tatsächlich zurückweisen hätte können.[358]

Namentlich werden von § 179 I Nr. 1 StGB neben Fällen in denen das Opfer aus einem der in § 179 I Nr. 1 StGB genannten Gründe keinen Willensentschluss fassen kann und damit willenlos ist, auch Fälle erfasst, in denen das Opfer nicht in der Lage ist, die Bedeutung der Zustimmung zu erkennen, etwa bei Unfähigkeit, sexuelle Betätigung überhaupt als Teil der Persönlichkeit zu verstehen.

Darüber hinaus unterfallen § 179 I Nr. 1 StGB auch Fälle, in denen das Opfer aufgrund seiner Beeinträchtigung zu psychischem Widerstand unfähig ist, also etwa einen zunächst entgegenstehenden Willen auf Aufforderung sofort aufgibt, ohne dass dem eine auch nur ansatzweise adäquate Abwägung zugrunde liegt.[359]

Fälle, in denen das Opfer einen entgegenstehenden Willen gebildet hat, auf seine Durchsetzung jedoch verzichtet, weil es körperlichen Widerstand für aussichtslos hält, werden hingegen nicht von § 179 StGB erfasst, da das Opfer in diesen Fällen prinzipiell widerstandsfähig ist und daher die in § 179 I Nr. 1 StGB vorausgesetzte Widerstandsunfähigkeit fehlt.[360] Diese Fallgruppe unterfällt nun dem § 177 I Nr. 3 StGB.
Auch Fälle, in welchen das Opfer in rechtlich beachtlicher Weise der sexuellen Handlung zugestimmt hat fallen nicht unter § 179 I Nr. 1 StGB. Eine rechtlich beachtliche Zustimmung liegt jedoch nur dann vor, wenn das Opfer fähig ist, die Bedeutung und Tragweite eines sexuellen Geschehens zu erkennen und sein Verhalten nach dieser Einsicht auszurichten.

3. Körperliche Widerstandsunfähigkeit nach § 179 I Nr. 2 StGB

Körperlich widerstandsunfähig im Sinne des § 179 I Nr. 2 StGB ist das Opfer, wenn es wegen Krankheit, Alter, körperlicher Gebrechen oder infolge äußerer Einwirkung, wie Fesselung oder Erschöpfung nach mehrfacher Vergewaltigung zur Tatzeit

[357] Fischer ZStW 112, 95, 96.
[358] SK-Horn/Wolters, § 179 StGB, Rdnr. 5.
[359] Fischer, ZStW 112, 96.
[360] Fischer, ZStW 112, 96.

nicht in der Lage ist, einen vorhandenen Abwehrwillen zu äußern oder zu verwirklichen.[361]
Widerstandsunfähig ist aber nicht schon das Opfer, dessen Widerstand gegen Gewalt wegen seiner körperlichen Unterlegenheit aussichtslos erscheint. Auch die in § 179 I Nr. 2 StGB gemeinte Unfähigkeit bezieht sich nicht auf den Widerstand gegen etwaige Gewaltakte, sondern gegen das sexuelle Ansinnen als solches[362], so dass auch bei einer Fesselung keine Widerstandsunfähigkeit vorliegt, wenn das Opfer durch Verhaltensweisen wie Schreien oder Wälzen Widerstand leisten kann.[363]

Da Fälle einer Zustimmung der allein körperlich widerstandsunfähigen Person von vorne herein aus dem Anwendungsbereich der Vorschrift ausscheiden, setzt der Tatbestand des § 179 I Nr. 2 StGB allerdings stets ein Handeln gegen den Willen des Opfers voraus.[364]

4. Missbrauch des Opfers durch Ausnutzen der Widerstandsunfähigkeit

Die Tathandlung des Missbrauchs durch Ausnutzen ist in der Regel erfüllt, wenn der Täter die Widerstandsunfähigkeit des Opfers dergestalt ausnutzt, dass das Opfer entweder aufgrund seiner Beeinträchtigung völlig willenlos ist oder der sexuellen Handlung zwar zugestimmt hat, diese aber wegen seiner fehlenden Fähigkeit, Umfang und Bedeutung der Zustimmung zu erkennen, oder die sozialen Tabus von Familienrollen zu verletzen nicht wirksam ist.[365]

Voraussetzung ist, dass der die Bildung eines ausreichenden Abwehrwillens ausschließende Zustand des Opfers die Vornahme der fraglichen Handlung ermöglicht oder begünstigt, der Täter in der konkreten Situation die bestehende Unfähigkeit des Opfers, bei der Wahl des Sexualpartners oder der Art der sexuellen Betätigung Grenzen zu setzen, kennt und sie kalkulierend ausnutzt.
Der Widerstandsunfähige ist dann nicht Partner eines auf menschlicher Zuneigung beruhenden Sexualkontaktes, sondern lediglich Objekt des Sexualwunsches eines anderen.[366]

[361] BGH NJW 1983, 636 (Urt. v. 02.12.1982 – 4 StR 592/82); T/F-Fischer, § 179 StGB, Rdnr. 12; Harbeck, S. 124.
[362] BGH NJW 1983, 636, 637 (Urt. v. 02.12.1982 – 4 StR 592/82).
[363] BGH NJW 1983, 636, 637 (Urt. v. 02.12.1982 – 4 StR 592/82).
[364] so auch Fischer, ZStW 112, 100.
Da in diesen Fällen meist auch eine Strafbarkeit nach § 177 I Nr. 3 StGB gegeben ist, besteht für § 179 I Nr. 2 StGB ein Anwendungsbereich nur in Fällen, in denen der entgegenstehende Wille des Opfers der Situation nicht immanent und daher für den Täter nicht erkennbar war.
[365] Röthlein, S. 8.
[366] LK-Laufhütte, § 179 StGB, Rdnr. 13.

Allerdings ist der Zustand des Opfers nur dann im Sinne des § 179 StGB kausal für die sexuelle Handlung des Täters, wenn sich das Opfer bei Hinwegdenken der Widerstandsunfähigkeit aber ansonsten gleichbleibender Persönlichkeitsstruktur gegenüber dem Täter anders verhalten hätte.[367]
Denn wegen des Gleichbehandlungsgebots von behinderten Menschen mit Erwachsenen, die keine Beeinträchtigung aufweisen, muss auch den behinderten Personen die Freiheit zugestanden werden, sexuelle Kontakte nach ihrem auch unvernünftigen Belieben einzugehen.

Im Unterschied zum Missbrauch von Kindern gemäß §§ 176, 176 a StGB, bei welchen der hohe Strafrahmen durch die abstrakte Gefahr einer Entwicklungsstörung gerechtfertigt ist, sind sexuelle Kontakte mit Widerstandsunfähigen nicht generell verboten.[368] Infolge dessen sind bei § 179 StGB hohe Anforderungen an die Tatbestandsmerkmale Ausnutzung und Missbrauch zu stellen, um zu verhindern, dass Menschen mit geistigen Störungen zur Enthaltsamkeit gezwungen werden, da Sexualkontakte mit ihnen durch ein unkalkulierbares Strafbarkeitsrisiko erschwert werden.[369] Dies käme einem Sexualverbot und damit einer ungerechtfertigten Bevormundung gleich.
Aus diesem Grund ist also immer zunächst zu prüfen, ob Täter und Opfer zum Zeitpunkt des sexuellen Kontaktes eine personale Beziehung hatten, an deren Qualität allerdings aufgrund des Differenzierungsverbots des Art. 3 III 2 GG keine allzu hohen Anforderungen gestellt werden dürfen.[370]

Bezweckt wird mit dieser Vorschrift nicht, dass einem Widerstandsunfähigen nur "sittliches" Sexualverhalten zugestanden wird, sondern er soll lediglich nicht "benutzt" werden.[371] Kommt es also innerhalb einer bereits vor Eintritt der Widerstandsunfähigkeit bestandenen und danach weiter bestehenden Lebensgemeinschaft zu sexuellen Handlungen an einer widerstandsunfähigen Person und werden die Handlungen äußerlich einvernehmlich vorgenommen, so liegt in der Regel kein Missbrauch durch Ausnutzen vor.[372]

Darüber hinaus sind an die Merkmale Missbrauch und Ausnutzen hohe Anforderungen zu stellen, wenn der sexuelle Kontakt innerhalb einer durch das Gefühl persönlicher Zuneigung und Fürsorge gekennzeichneten und auch von dem Opfer mitgetragenen, bisher platonischen Beziehung stattfindet, der Täter dem sexuellen Reiz

[367] NK-StGB-Frommel, 2005, § 179 StGB, Rdnr. 17.
[368] NK-StGB-Frommel, § 179 StGB, Rdnr. 14.
[369] NK-StGB-Frommel, § 179 StGB, Rdnr. 14.
[370] NK-StGB-Frommel, § 179 StGB, Rdnr. 16.
[371] SK-Horn/Wolters, § 179 StGB, Rdnr. 11.
[372] NK-StGB-Frommel, 2005, § 179 StGB, Rdnr. 17.

der Widerstandsunfähigen erliegt, und das Opfer sich der Geschlechtsbeziehung nicht widersetzt.[373]

Bei sexuellen Kontakten außerhalb eines Vertrauensverhältnisses liegt kein sexueller Missbrauch im Sinne des § 179 StGB vor, wenn ein Vergleich des tatsächlichen Verhaltens des Widerstandsunfähigen mit dem hypothetischem Verhalten des Opfers ohne Störung bei ansonsten gleichbleibender Persönlichkeitsstruktur ergibt, dass der Widerstandunfähige im konkreten Fall mit der sexuellen Handlung einverstanden gewesen wäre. Denn dann überwiegt die Freiheit des Widerstandsunfähigen zur sexuellen Selbstbestimmung sein Schutzbedürfnis.[374]

Kaum vorstellbar ist hingegen der Fall des rein altruistisch, insbesondere des ausschließlich aus therapeutischen Gründen handelnden Täters, der immer wieder als Beispiel für das Fehlen des Tatbestandsmerkmals Missbrauch angeführt wird.[375]

5. Vorsatz

Der Täter handelt nur dann zumindest bedingt vorsätzlich, wenn er die Widerstandsunfähigkeit des Opfers erkennen konnte. Denn ansonsten kann man ihn nicht wegen des Vorwurfs der Ausnutzung der Widerstandsunfähigkeit bestrafen.
Der Nachweis ist aber häufig problematisch, insbesondere wenn dem Opfer eine geistige Behinderung nicht auf Anhieb anzumerken ist.

[373] BGHSt. 32, 183 ff, 187 in einer Entscheidung, welcher der folgende Sachverhalt zugrunde lag: Der Täter, der Erzieher an einer Schule für geistig behinderte Menschen war, verliebte sich in ein Mädchen, das infolge einer mit hochgradigem Schwachsinn einhergehenden autistischen Erkrankung in extremer Selbstbezogenheit lebt und in seiner affektiven Entwicklung nur den Stand eines einjährigen Kindes erreicht hat, entführte es und führte neben einer von den Eltern des Mädchens abgelehnten "Holding-Therapie" mehrfach den Geschlechtsverkehr mit dem Mädchen aus.
Der BGH vertrat die Ansicht, dass ein Missbrauch hier nicht vorliegt, da der Täter im Opfer einen psychisch verwandten Menschen sah, sich in sie verliebte und glaubte, sie brauche und erwidere seine Zuneigung. Diese Feststellungen, die eine durch das Gefühl der persönlichen Zuneigung und Fürsorge gekennzeichnete Beziehung zeigen, lassen den Vorwurf entfallen, der Täter habe das Mädchen nur zur Befriedigung sexueller Wünsche missbraucht, zumal das Opfer sich dem Geschlechtsverkehr, anders als dem engen körperlichen Kontakt im Zusammenhang mit der Festhalte-Therapie nicht widersetzte.
a.A. Geerds, JR 1984, 430 ff (Anm. zu BGH, Urt. v. 06.12.1983 – 1 StR 651/83), der in den vom Täter vorgenommenen sexuellen Handlungen einen Missbrauch unter Ausnutzung der Widerstandsunfähigkeit sieht.
[374] vgl. NK-StGB-Frommel, 2005, § 179 StGB, Rdnr. 26.
[375] S/S-Lenckner/Perron, § 179 StGB, Rdnr. 11; hierzu führt MünchKommStGB-Renzikowski, § 179 StGB, Rdnr. 39 zutreffend aus, dass solche Handlungen entweder medizinisch indiziert sind mit der Folge, dass es bereits objektiv an einer sexuellen Handlung fehlt, oder aber, wenn sie nicht medizinisch indiziert sind, kein Anlass besteht, sie vom Tatbestand auszunehmen.

Darüber hinaus muss der Täter die Widerstandsunfähigkeit des Opfers bewusst als einen die sexuelle Handlung ermöglichenden oder begünstigenden Faktor einkalkuliert haben.[376]

Ging der Täter hingegen irrtümlich von einer Widerstandsunfähigkeit des an sich widerstandsfähigen Opfers aus, so liegt nur ein Versuch des § 179 StGB vor. § 16 II StGB greift nicht ein, da § 179 StGB keine Privilegierung der sexuellen Nötigung darstellt.[377]

V. Besonders schwerer Fall und Qualifikationen

1. Besonders schwerer Fall nach § 179 III StGB

Ein besonders schwerer Fall nach § 179 III StGB liegt vor, wenn eine Gesamtwürdigung von Tat und Täter einschließlich der subjektiven Momente und der Täterpersönlichkeit ergibt, dass die Tat vom Durchschnitt aller erfahrungsgemäß vorkommenden Fälle so erheblich abweicht, dass die Anwendung des Sonderstrafrahmens geboten erscheint.
In Anlehnung an § 177 II 2 Nr. 1 StGB fallen hierunter insbesondere Fälle der besonderen Erniedrigung, die nicht mit einem Eindringen verbunden sind.[378]

2. Qualifikationen des § 179 V StGB

Die Mindeststrafe wurde in § 179 V StGB durch das Gesetz zur Änderung der Vorschriften über die Straftaten gegen die sexuelle Selbstbestimmung und zur Änderung anderer Vorschriften von einem Jahr auf zwei Jahre Freiheitsstrafe angehoben und damit an die des § 177 II StGB angepasst.

Die Voraussetzungen des § 179 V Nr. 1, 2 und 3 StGB sind mit denen des § 176 a II Nr. 1, 2 und 3 StGB identisch.
Im Unterschied zu § 177 II Nr. 1 und 2 StGB hat der Gesetzgeber hier keine Regelbeispiele, sondern echte Qualifikationen normiert.

[376] MünchKommStGB-Renzikowski, § 179 StGB, Rdnr. 41.
[377] MünchKommStGB-Renzikowski, § 179 StGB, Rdnr. 62.
[378] MünchKommStGB-Renzikowski, § 179 StGB, Rdnr. 72.

Darüber hinaus wird im Unterschied zu § 177 III Nr. 3 StGB bei § 179 V Nr. 3 StGB ebenso wie bei § 176 a II Nr. 3 StGB die „Gefahr einer erheblichen Schädigung der körperlichen oder seelischen Entwicklung“ erfasst.
Mit dieser Begrifflichkeit knüpft das Gesetz an § 171 StGB an, wonach eine erhebliche körperliche Entwicklungsschädigung immer dann anzunehmen ist, wenn der normale Ablauf des körperlichen Reifeprozesses dauernd oder nachhaltig gestört wird. Eine erhebliche psychische Entwicklungsschädigung liegt insbesondere vor bei Verwahrlosung, Traumatisierung und Verhaltensauffälligkeiten. Darüber hinaus kommt aber auch ein Rückschlag in der Behandlung in Betracht.[379]

3. Qualifikation des § 179 V Nr. 1 StGB

Von dieser Qualifikation werden nach dem Wortlaut neben dem Beischlaf insbesondere Oral- und Analverkehr, aber auch das Eindringen mit Gegenständen oder anderen Körpergliedern in Vagina oder Anus erfasst.

Dem Eindringen mit Gegenständen oder anderen Körpergliedern in den Mund fehlt, ebenso wie Zungenküssen fehlt in der Regel eine mit dem Beischlaf vergleichbare Erheblichkeit, ebenso dem Eindringen mit Gegenständen oder anderen Körpergliedern durch das Opfer in Körperöffnungen des Täters.[380]

Im Unterschied zu § 177 II 2 Nr. 1 StGB werden von § 179 V Nr. 1 StGB keine Handlungen erfasst, die das Opfer zwar besonders erniedrigen, nicht aber mit einem Eindringen verbunden sind. Diese können nun aber gemäß § 179 III StGB als Verbrechen geahndet werden.

3. Kapitel: Sexueller Missbrauch von Kindern, §§ 176, 176 a, 176 b StGB

I. Ratio legis der §§ 176, 176 a, 176 b StGB

In den 1970er Jahren forderte die Pädophilenbewegung die soziale Anerkennung von sexuellen Kontakten zwischen Erwachsenen und Kindern.
Die Ächtung und Bestrafung pädosexueller Kontakte empfanden die Pädophilen als kinderfeindlich. Sie sahen sich dabei selbst als Anwälte der Kinder, die deren Ent-

[379] Renzikowski, NStZ 1999, 385.
[380] h.M., vgl. u.a. MünchKommStGB-Renzikowski, § 179 StGB, Rdnr. 46.

wicklung durch einen gleichberechtigten Umgang auch in sexueller Hinsicht fördern und gegen die Unterdrückung kindlicher Bedürfnisse kämpfen.[381]

Auch heute noch gibt es Richter, die mit ihren Entscheidungen nicht weit von dieser These der 70er Jahre entfernt sind, wie ein aktueller Beschluss des OLG München[382] zeigt, in dem wörtlich ausgeführt wurde:

> In den Missbrauchsfällen „handelte der Angeklagte jeweils nicht gegen den Willen der Kinder. Vielmehr waren die Kinder aufgrund bereits bestehender Verwahrlosungstendenzen infolge fehlender erzieherischer Einwirkung ihrer Eltern erkennbar selbst an den vorgenommenen Handlungen interessiert. Dies hat der Angeklagte lediglich ausgenutzt, ohne hierbei irgendwelchen körperlichen oder psychischen Druck auszuüben. Seinen Taten fehlt jegliche aggressive Tendenz. Hinzu kommt, dass die missbrauchten Kinder durch die angeklagten Vorfälle über ihre bereits ohnehin vorhandene Milieuschädigung hinaus keine erkennbare weitere psychische Schädigung erlitten haben.“

Das Gericht verkennt bei seiner Entscheidung die Tatsache, dass ein entgegenstehender Wille des Kindes für §§ 176, 176 a StGB gerade nicht erforderlich ist. Auch ist ein eventuell von den Kindern gezeigtes "sexuelles Interesse" auf Gleichaltrige gerichtet und entspricht nicht dem sexuellen Interesse eines Erwachsenen.

Solche Entscheidungen, die meist auch mit großen Schlagzeilen durch die Presse gehen, tragen dazu bei, dass immer wieder eine härtere Bestrafung des Kindesmissbrauchs gefordert wird.[383]

Im Jahre 2003 wurden 15.430 Fälle sexuellen Missbrauchs von Kindern gemäß §§ 176, 176 a, 176 b StGB im Bundesgebiet bekannt.[384] Damit ist der sexuelle Missbrauch von Kindern mit 28,2 % (2003) bzw. 29,7 % (2002) das am häufigsten polizeilich registrierte Sexualdelikt.[385]
Die Dunkelziffer ist jedoch noch weit höher. So reichen Schätzungen für die Dunkelfeldrelation von 1:6 bis 1:20, was bedeuten würde, dass jährlich ca. 300.000 Kinder in Deutschland missbraucht würden.

Die meisten der bekannt gewordenen Fälle ereignen sich in Familien oder im engeren Bekanntenkreis. Das Horrorbild des „bösen Onkels“ der wie Marc Dutroux fremde Kinder von der Straße wegfängt und bei sich einschließt, ist also eher ein Ausnahmefall. Dabei stellt der inzestuöse sexuelle Missbrauch die schwerwiegendste Misshandlungsform eines Kindes durch seine Familie dar, da das Kind in diesen Fällen von einer ihm vertrauten, für sein Wohlbefinden Sorge und Verantwortung

381 Walter/Wolke, MschrKrim 1997, 96.
382 OLG München – 2 Ws 311/03 H.
383 so beispielsweise Krug in: SZ 10./11.01.2004, Artikel "Eine Frage der Abwägung".
384 Bundeskriminalamt, Polizeiliche Kriminalstatistik 2003, S. 139.
385 Bundeskriminalamt, Polizeiliche Kriminalstatistik 2002, 2003.

tragenden Person zu dessen sexueller Befriedigung verfügbar gemacht und ausgebeutet wird.[386]
Die statistische Durchschnittsdauer inzestuöser Ausbeutung eines Kindes beträgt 4 Jahre. Täter sind in ca. 85 % der Fälle erwachsene männliche Familienmitglieder oder dem Kind eng verbundene männliche Vertrauenspersonen. Weibliche Familienmitglieder agieren überwiegend als das Geschehen indirekt duldende oder es unterstützende „silent partner“.[387]

Sexueller Missbrauch liegt auch dann vor, wenn die sexuellen Handlungen nicht ausdrücklich gegen den Willen des Kindes erfolgen, da jede Form von sexuellem Missbrauch sich in einer für das Kind nicht entrinnbaren Macht- und Abhängigkeitsposition ereignet.
Denn die Widersprüche im Verhalten des Täters, der das Kind häufig auch mit Zuwendungen zunächst scheinbar aufwertet, sind für das Kind nicht zu durchschauen, so dass es die Schuld für die sexuellen Übergriffe bei sich sucht und sich dafür schämt, von einer der meist geliebten und geachteten Personen sexuell missbraucht zu werden. Diese Scham macht es dem Kind nahezu unmöglich, sich einer dritten Person anzuvertrauen, zumal die meisten betroffenen Kinder den Familienzusammenhalt nicht gefährden wollen.
Darüber hinaus werden die Kinder in der Regel auch durch den Täter mit Drohungen zur Geheimhaltung verpflichtet.[388]

Die Folgen des sexuellen Missbrauchs sind außerordentlich gravierend und führen in der Regel zu schweren Persönlichkeitsstörungen.

Kurzfristige Folgen sind zunächst physische Verletzungen, Schmerzen, Enttäuschung, Misstrauen, Resignation, Depression, Suizidalität.
Auch bekommen missbrauchte Kinder häufig psychosomatische Krankheiten. Sie werden Bettnässer, leiden unter schweren Verdauungsstörungen, haben Bauch- oder Unterleibsschmerzen, oder sonstige chronische Schmerzzustände. Darüber hinaus leiden sie häufig unter Erstickungsanfällen und Asthma, Schlafstörungen und Albträumen.
Ferner haben missbrauchte Kinder in der Regel starke Selbstzweifel und Minderwertigkeitsgefühle und neigen zu zwanghaftem, und gelegentlich auch zu selbstzerstörerischem Verhalten.[389]

[386] Braun in: Reinbold/Jans, Handbuch zur Gewaltprävention, S. 8; Berufsverband der Ärzte für Kinderheilkunde und Jugendmedizin Deutschlands e.V., S. 6.
[387] Braun in: Reinbold/Jans, Handbuch zur Gewaltprävention, S. 8; Berufsverband der Ärzte für Kinderheilkunde und Jugendmedizin Deutschlands e.V., S. 6.
[388] Braun in: Reinbold/Jans, Handbuch zur Gewaltprävention, S. 8; Berufsverband der Ärzte für Kinderheilkunde und Jugendmedizin Deutschlands e.V., S. 6.
[389] Reinbold/Lohfinf/Hannich in: Reinbold/Jans, Handbuch zur Gewaltprävention, S. 40.

Bei den Tätern eines inzestuösen Missbrauchs besteht verborgen hinter einer vordergründig unauffällig formalen sozialen Anpassung neben gravierenden Selbstwertproblemen eine tiefreichende Verunsicherung ihrer psychosexuellen Identität, die ihnen eine nur ungenügende psychosexuelle Befriedigung mit erwachsenen Partnern ermöglicht. Ihr Bedürfnis nach einem sie befriedigenden Sexualleben, bei dem sie einen Partner körperlich und sozial dominieren können, entspricht ihrem infantilen psychosexuellen Reifungsstand. Diesen für sie idealen Partner finden sie nur in einem ihnen psychosexuell, körperlich, geistig und sozial noch unterlegenen Kind.[390]

II. Veränderungen durch die Reformen

1. Das 6. Strafrechtsreformgesetz vom 26.01.1998

Durch das 6. Strafrechtsreformgesetz wurde die Struktur der Tatbestände, die bei sexuellem Missbrauch eingreifen dergestalt verändert, dass nun in den Fällen, in welchen die sexuelle Handlung gegen den Willen des Kindes vorgenommen wurde, auch eine Strafbarkeit des Täters nach § 177 StGB in Betracht kommt.[391]

Der bisherige § 176 III StGB a.F. wurde zu § 176 a I bzw. IV StGB, der bisherige § 176 IV StGB wurde zu § 176 b StGB, die ursprünglichen Abs. 5 und 6 rückten auf, wobei der Strafrahmen des bisherigen § 176 V StGB erhöht wurde.

Mit diesen Änderungen bezweckte der Gesetzgeber vor allem eine differenzierte Strafschärfung und mit Blick auf die Unrechtsschwere eine Angleichung an die sexuellen Nötigungsdelikte.[392]

Zur Erreichung dieses Ziels wurden auch die bisherigen Regelbeispiele des § 176 III 2 StGB a.F., namentlich Vollzug des Beischlafs und körperlich schwere Misshandlung bei der Tat in § 176 a StGB n.F. als Qualifikationen eingefügt.

Gleichzeitig wurde in § 176 a I Nr. 2 StGB ein neuer, dem Regelbeispiel des § 177 II Nr. 2 StGB nachgebildeter Qualifikationstatbestand geschaffen, um dem erweiterten sexuellen Missbrauch von Kindern entgegenzuwirken.

Schließlich wurde § 176 a I StGB durch Erhöhung der Mindeststrafe auf ein Jahr zu einem Verbrechen heraufgestuft.[393]

[390] Braun, in: Reinbold/Jans, Handbuch zur Gewaltprävention, S. 14.
[391] NK-StGB-Frommel, § 176 StGB, Rdnr. 1.
[392] Laubenthal, S. 13; NK-StGB-Frommel, 2005, § 176 a StGB, Rdnr. 3.
[393] Renzikowski, NStZ 1999, 441; NK-StGB-Frommel, § 176 a StGB, Rdnr. 1.

2. Das Gesetz zur Änderung der Straftaten über die Straftaten gegen die sexuelle Selbstbestimmung und zur Änderung anderer Vorschriften

Durch das Gesetz zur Änderung der Straftaten über die Straftaten gegen die sexuelle Selbstbestimmung und zur Änderung anderer Vorschriften vom 27.12.2003[394] wurden die Vorschriften nochmals grundlegend verändert.

So wurde in § 176 I, II StGB der "minder schwere Fall" gestrichen und in § 176 III StGB wurde ein unbenannter "besonders schwerer Fall" neu eingeführt, der eine Mindeststrafe von einem Jahr Freiheitsstrafe vorsieht. Auch in § 176 III StGB a.F. (nunmehr § 176 IV StGB) wurde die Strafe nochmals angehoben.

In § 176 a StGB wurde die "Rückfallvorschrift" des § 176 a I Nr. 4 StGB in einem neu gefassten § 176 a I StGB beibehalten.

Die Strafandrohung für schweren sexuellen Missbrauch nach § 176 a I Nr. 1–3 StGB a.F. (jetzt § 176 a II Nr. 1-3 StGB) wurde von Freiheitsstrafe nicht unter einem Jahr auf Freiheitsstrafe nicht unter zwei Jahren angehoben und damit an § 177 II StGB angepasst.

III. Gründe für die Gesetzesänderung 2004

Durch das Gesetz zur Änderung der Straftaten über die Straftaten gegen die sexuelle Selbstbestimmung und zur Änderung anderer Vorschriften vom 27.12.2003 wurden die angedrohten Strafen in §§ 176, 176 a StGB erheblich verschärft.

Der Gesetzgeber erfüllte damit nicht zuletzt die Forderung der Bevölkerung nach höheren Strafen, die aufgrund der zahlreichen Berichte in den Medien[395] über Fälle des Kindesmissbrauchs gestellt wurde.

1. Streichung des "minder schweren Falles" in § 176 I StGB

Vorgeschlagen wurde zunächst eine Änderung dahingehend, dass in § 176 I StGB die Wörter "mit Freiheitsstrafe von sechs Monaten bis zu zehn Jahren, in minder schweren Fällen mit Freiheitsstrafe bis zu fünf Jahren oder mit Geldstrafe" durch die Wörter "mit Freiheitsstrafe nicht unter einem Jahr, in minder schweren Fällen mit Freiheitsstrafe von drei Monaten bis zu fünf Jahren" ersetzt werden.

Die beabsichtigte Kennzeichnung der Grundfälle des sexuellen Missbrauchs von Kindern als Verbrechen gebiete nach Ansicht der Befürworter der Grundsatz des

[394] BGBl. I 3007.
[395] wie bspw. Berichte über den Kindsmissbraucher Dutroux in Belgien oder der "Fall Nathalie".

schuldangemessenen Strafens sowie der Gedanke der positiven und negativen Generalprävention.
Durch die Strafschärfung würde zugleich erreicht, dass im Bereich des Kindesmissbrauchs nach § 176 I, II StGB unter den Voraussetzungen des § 30 StGB bereits die Verabredung und der Anstiftungsversuch unter Strafe gestellt wären.[396]

Nach anderer Ansicht geht eine Mindestfreiheitsstrafe von einem Jahr über den Unrechts- und Schuldgehalt eines nicht geringen Teils der von § 176 I StGB erfassten Taten hinaus, da vom Tatbestand auch weniger schwerwiegende sexuelle Handlungen erfasst werden, wie beispielsweise ein Zungenkuss, der die Erheblichkeitsschwelle des § 184 f Nr. 1 StGB nur geringfügig überschreitet, oder sexuelle Handlungen innerhalb einer Liebesbeziehung zwischen einem körperlich und seelisch weit über den altersgemäßen Zustand hinaus entwickelten 13 Jahre alten Mädchen und einem 21jährigen erwachsenen Täter, die lediglich altersgemäße Erfahrungen vermitteln.[397] Für diese Fälle solle die Möglichkeit der Verfahrenseinstellung nach §§ 153, 153 a StGB, sowie der opferschonenden Verfahrenserledigung durch Strafbefehl erhalten bleiben.[398]

Um beiden Seiten gerecht zu werden, wurde § 176 I StGB zwar als Vergehenstatbestand belassen, aber der "minder schwere Fall" mit einer Strafandrohung von Freiheitsstrafe bis zu 5 Jahren oder Geldstrafe abgeschafft, da die Verhängung einer Geldstrafe bei sexuellem Missbrauch oberhalb der Erheblichkeitsschwelle des § 184 f Nr. 1 StGB keine angemessene Strafe darstellt und insbesondere auch eine Einstufung der Tat als minder schwerer Fall das Opfer seelisch schwer belastet.

2. Einführung des unbenannten "besonders schweren Falles" in § 176 III StGB

Wie bereits erwähnt, wurde zunächst vorgeschlagen, zur adäquaten Darstellung des Unrechtsgehalts des Kindesmissbrauchs den Grundtatbestand des § 176 I StGB vom Vergehen zum Verbrechen hoch zu stufen und für Einzelfälle die Möglichkeit des "minder schweren Falles" zu belassen.[399]

Da aber auch die Argumente der Gegenseite, dass bei Ausgestaltung des Grundtatbestandes des § 176 I StGB als Verbrechen weniger gravierende Fälle, wie insbesondere die der einvernehmlichen, altersgemäßen sexuellen Handlungen mit 13jährigen nicht mehr angemessen beurteilt werden könnten[400], zutreffend sind,

[396] BT-Drucks. 14/1125, S. 4; BT-Drucks. 14/6709, S. 3; BT-Drucks. 15/29, S. 5.
[397] BT-Drucks. 14/1125, S. 8; NK-StGB-Frommel, § 176 StGB, Rdnr. 8.
[398] BT-Drucks. 15/350 S. 17.
[399] BT-Drucks. 15/1311, S. 20.
[400] so u.a. BT-Drucks. 15/350, S. 17.

wurde der Grundtatbestand des § 176 I StGB als Vergehen beibehalten und in § 176 III StGB ein unbenannter Strafschärfungsgrund eingefügt.

Ein "besonders schwerer Fall" im Sinne des § 176 III StGB kommt insbesondere bei ungewöhnlicher Dauer und Intensität einer Fortsetzungstat, bei erheblichen, vom Täter vorauszusehenden psychischen Schäden des Opfers, die noch nicht den Qualifikationstatbestand des § 176 a I Nr. 3 StGB erfüllen, bei beischlafsähnlichen Praktiken wie dem sog. Schenkelverkehr, bei Fällen, in denen das Kind am Täter masturbieren muss und bei Manipulation im äußeren Genitalbereich in Betracht.[401]

3. Beibehaltung der "Rückfallvorschrift" des bisherigen § 176 a I Nr. 4 StGB in § 176 a I StGB

Zunächst war geplant, die "Rückfallvorschrift" des § 176 a I Nr. 4 StGB a.F. in ein Regelbeispiel für einen besonders schweren Fall des § 176 I, II StGB umzuwandeln. Diese Änderung wurde jedoch nicht durchgeführt, da die "Rückfallvorschrift" andernfalls wegen § 12 III StGB von einem Verbrechen in ein Vergehen zurückgestuft worden wäre, was der Schwere und dem Unrechtsgehalt der Tat nicht gerecht werden würde.
Ebenso schied eine Beibehaltung der Vorschrift im jetzigen § 176 a II StGB aus, da dort die Mindeststrafe von Freiheitsstrafe nicht unter einem Jahr auf Freiheitsstrafe nicht unter zwei Jahren angehoben wurde und diese Erhöhung für die „Rückfalltat“ nicht in jedem Fall angemessen wäre.[402]

4. Anhebung des Strafrahmens in § 176 a II StGB n.F.

Der Strafrahmen in § 176 a II StGB n.F. wurde in Konsequenz zur Anhebung des Strafrahmens bei § 176 I und II StGB auch entsprechend angehoben und zwar von einem Jahr auf zwei Jahre.[403] Um aber die nötige Flexibilität im Einzelfall zu gewährleisten, wurde in § 176 a IV StGB ein "minder schwerer Fall" für die in § 176 a II StGB genannten Fälle beibehalten.
Denn insbesondere in Fällen des Beischlafs oder ähnlicher sexueller Handlungen, die im Rahmen einer Liebesbeziehung zwischen einem körperlich und seelisch über den altersgemäßen Zustand hinaus entwickelten 13jährigen Mädchen und einem jungen Erwachsenen einvernehmlich vorgenommen werden, kann ein Bedürfnis für eine Strafrahmenmilderung bestehen.

[401] BT-Drucks. 15/350, S. 17.
[402] vgl. BT-Drucks. 15/1311, S. 24.
[403] dies wurde bereits im Gesetzesentwurf der Fraktionen SPD und Bündnis 90/Die Grünen, BT-Drucks. 15/350, S. 18 gefordert.

Allerdings sieht auch § 176 a IV StGB eine Mindeststrafe von einem Jahr Freiheitsstrafe vor.

5. Stellungnahme

§ 176 StGB ist ein abstraktes Gefährdungsdelikt, welches auch äußerlich einverständliche sexuelle Handlungen mit Kindern unter 14 Jahren unter Strafe stellt, weil sexuelle Kontakte mit Kindern generell unterbleiben sollen.

Allerdings ist die Schutzaltersgrenze mit 14 Jahren in Anbetracht des geänderten Sexualverhaltens und der geänderten Sexualmoral so hoch angesetzt, dass Grenzfälle unvermeidlich sind.
Denn 1966 hatten Kinder im Alter von 14 Jahren und Jugendliche im Alter von 15 Jahren so gut wie keine Koitus-Erfahrung. Demgegenüber hatten bereits in den 1980er Jahren 3 % der 14jährigen und 10 % der 15jährigen Mädchen ihre ersten Erfahrungen in diesem Alter gemacht. Mittlerweile haben bei den 14jährigen mehr als 10% und bei den 15jährigen mehr als 20 % Koitus-Erfahrung. Dies zeigt, dass heute 14jährige die gleiche sexuelle Erfahrung haben, die früher 16jährige hatten.[404]

In Anbetracht dieses veränderten Sexualverhaltens ist die getroffene Regelung, den Grundtatbestand des § 176 I, II StGB weiterhin als Vergehen, sowie in § 176 a StGB den "minder schweren Fall" zu belassen sinnvoll, um eine unrechtsangemessene Bestrafung auch in weniger schwerwiegenden Fällen zu ermöglichen, zumal der Gesetzgeber in §§ 176, 176 a StGB die fehlende Einwilligungsfähigkeit von Kindern unwiderleglich unterstellt.[405]

Diese unwiderlegbare Vermutung ist aber andererseits auch erforderlich, da Kinder sich häufig einreden, dass sie "es" auch gewollt hätten, um die Situation auszuhalten. Sie versuchen damit, ihre eigene Machtlosigkeit und das sie verletzende Verhalten des Täters umzudeuten. Denn um sich das Vertrauen in die Eltern zu bewahren, versucht das Kind eine Erklärung für sein Schicksal zu finden, die seine Eltern von jeder Schuld und Verantwortung freispricht.[406]

Die Einführung des „besonders schweren Falles“ in § 176 III StGB, der eine flexible, schuldangemessene Straffindung ermöglicht, sowie die Angleichung des Strafrahmens von § 176 a II StGB an den des § 177 II StGB war im Hinblick auf die Schwere der Schuld des Täters und die Auswirkungen der Tat auf das Opfer erforderlich, um in diesem Zusammenhang eine Gleichbehandlung zu erreichen.

Zwar wird hinsichtlich des unbenannten Strafschärfungsgrundes des § 176 III StGB teilweise kritisiert, dass es sich hierbei um eine "ungewöhnliche, sowohl auf

[404] Frommel, Stellungnahme z. Gesetzesentw. der Fraktionen SPD u. Bündnis 90/Die Grünen, S. 2.
[405] Duttge/Hörnle/Renzikowski, NJW 2004, 1065, 1066.
[406] Bange in: Bange/Wilhelm Handwörterbuch Sexueller Missbrauch, S. 50.

der Voraussetzungs- als auch auf der Rechtsfolgenseite völlig konturenlose Regelung" handelt, "die im Hinblick auf den Bestimmtheitsgrundsatz (Art. 103 II GG) Bedenken aufwirft."[407] Dem ist aber entgegenzusetzen, dass die Regelung nicht konturenloser ist, als beispielsweise die Strafschärfungsvorschrift des § 177 II 1 StGB.

IV. Geschütztes Rechtsgut

Geschütztes Rechtsgut der Vorschriften ist die von vorzeitigen sexuellen Erlebnissen ungestörte Gesamtentwicklung des Kindes[408], das von sexuellen Erlebnissen ferngehalten werden soll, die nicht in der kindlichen Entwicklung selbst, sondern in sexuellen Motiven Erwachsener begründet sind und zur Befriedigung des Erwachsenen im Rahmen der Ausnutzung von Macht und Autorität dienen.[409]

Denn Kinder können gegenüber Erwachsenen keine gleichberechtigten Partner sein, weil sie ihnen körperlich, psychisch, kognitiv und sprachlich unterlegen sind. Hinzu kommt, dass Kinder auf die emotionale und soziale Fürsorge Erwachsener angewiesen und Erwachsenen rechtlich unterstellt sind.[410]

Aufgrund dieses strukturellen Machtgefälles ist jeder sexuelle Kontakt zwischen einem Kind und einem Erwachsenen sexueller Missbrauch.[411]

§ 176 StGB ist als abstraktes Gefährdungsdelikt ausgestaltet, das eine konkrete Beeinträchtigung des seelischen Wohls oder der Entwicklung des Kindes nicht erfordert, sodass es auch nicht darauf ankommt, ob das Kind die sexuelle Natur der tatbestandlichen Handlungen überhaupt wahrnimmt oder erkennt.[412]

Darüber hinaus ist auch der Gegenbeweis nicht zulässig, da es sich um eine unwiderlegliche Vermutung handelt. Infolge dessen kann es für die Frage der Tatbestandserfüllung keine Bedeutung haben, ob das Kind bereits geschlechtlich erfahren ist, oder die Initiative von ihm ausgeht.[413]

Hat also ein Kind unter 14 Jahren ein Einverständnis erteilt, so ist der Täter dennoch nach den §§ 176, 176 a StGB zu bestrafen, da die sexuelle Handlung gegen die Sexualordnung verstößt.

Denn bei Kindern unter 14 Jahren geht das Gesetz aufgrund ihrer noch nicht abgeschlossenen körperlichen und geistigen Reife davon aus, dass sie zur sexuellen

[407] Duttge/Hörnle/Renzikowski, NJW 2004, 1065, 1067.

[408] BGH StV 1989, 432 (Beschl. v. 20.04.1989 – 4 StR 161/89); T/F-Fischer, § 176 StGB, Rdnr. 1a.

[409] SK-Horn/Wolters, § 176 StGB, Rdnr. 2; Renzikowski, NStZ 1999, 441; Röthlein, S. 10.

[410] Amelung, GA 1999, 187 zur Dispositionsfreiheit.

[411] Bange, in: Bange/Wilhelm, Handwörterbuch Sexueller Missbrauch, S. 50.

[412] BGHSt 38, 68, 70 (Urt. v. 24.09.1991 – 5 StR 364/91); T/F-Fischer, 52. Aufl., § 176 StGB, Rdnr. 3.

[413] SK-Horn/Wolters, § 176 StGB, Rdnr. 2.

Selbstbestimmung nicht fähig sind, da sie noch nicht die Fähigkeit haben, freie und verantwortliche Entscheidungen zu treffen und die Handlungen in der Regel in einer nicht entrinnbaren Macht- und Abhängigkeitsposition erfolgen.[414]

V. Tathandlung

Von §§ 176 I, II und 176 a I, II, V StGB werden in Bezug auf Dauer und Intensität erhebliche sexuelle Handlungen im Sinne des § 184 f Nr. 1 StGB[415] mit unmittelbarem körperlichen Kontakt zwischen dem Täter und einer Person unter 14 Jahren erfasst, wobei jeweils das Geschlecht unerheblich ist.
§ 176 IV Nr. 1 und 3 StGB betrifft demgegenüber Handlungen ohne körperliche Berührung.

Für den subjektiven Tatbestand ist zumindest bedingter Vorsatz hinsichtlich der Merkmale des objektiven Tatbestandes erforderlich. Insbesondere muss der Täter Kenntnis davon haben, dass die körperlichen Kontakte zwischen ihm oder dem Dritten und dem Kind eine sexuelle Handlung bedeuten.[416]
Darüber hinaus muss dem Täter auch das Alter des Kindes bekannt sein, wobei es genügt, wenn er die Möglichkeit nicht ausschließt, dass das Kind unter 14 Jahren alt ist.
Hat er sich allerdings über das Alter des Kindes überhaupt keine Gedanken gemacht, so liegt kein bedingter Vorsatz vor, gegebenenfalls kann der Täter aber nach § 182 StGB bestraft werden.[417]

VI. Qualifikation des § 176 a II Nr. 1 StGB

Zunächst ist klarzustellen, dass Täter einer Tat nach § 176 a II Nr. 1 StGB nur eine Person über 18 Jahren sein kann, um sexuelle Beziehungen Jugendlicher mit unter 14jährigen, aber bereits weit über den altersgemäßen Zustand entwickelten Mädchen aus dem Anwendungsbereich der Vorschrift auszunehmen.

[414] Roxin, Strafrecht AT, § 13 II, Rdnr. 34.
[415] Nach Ansicht des OLG Zweibrücken (Beschl. v. 18.04.1995 – 1 Ws 196/95) fehlt es an einer sexuellen Handlung im Sinne der Vorschrift, wenn nach dem äußeren Erscheinungsbild eine Sexualbezogenheit nicht erkennbar oder die sexuelle Handlung nicht von einiger Erheblichkeit ist. Zwar sei bei den Tatbeständen, bei denen die ungestörte geschlechtliche Entwicklung im Vordergrund steht, die Erheblichkeitsschwelle umso niedriger anzusetzen, je jünger das Opfer ist, dennoch stelle ein Kuss auf die Wange eines Kindes keinen sexuellen Missbrauch dar.
[416] SK-Horn/Wolters, § 176 StGB, Rdnr. 9.
[417] S/S-Lenckner/Perron, § 176 StGB, Rdnr. 10.

Tathandlung ist der Vollzug des Beischlafs oder die Vornahme ähnlicher sexueller Handlungen, "die mit dem Eindringen in den Körper verbunden sind."

Ein „Eindringen“ setzt dabei entgegen des allgemeinen Sprachgebrauchs als „Überwindung eines Hindernisses oder eines Widerstandes“ keinen entgegenstehenden Willen des Opfers voraus, sondern umfasst auch einverständlich vorgenommene Penetrationen.[418] Denn nur das entspricht dem Schutzzweck der §§ 176, 176 a StGB, sexuelle Körperkontakte mit Kindern unter 14 Jahren generell zu verhindern.

Der Beischlaf ist erst „vollzogen“, die Tat demnach vollendet, wenn sich männliche und weibliche Geschlechtsteile vereinigt haben, das männliche Glied also wenigstens in den Scheidenvorhof eingeführt worden ist.[419]
An dieser Rechtsprechung hält der BGH auch für die nach Inkrafttreten des 6. Strafrechtsreformgesetzes begangenen Taten fest, da nicht ersichtlich sei, dass der Gesetzgeber durch die Änderung des bisherigen Regelbeispiels in einen Qualifikationstatbestand die Anforderungen, die die Rechtsprechung an das Tatbestandsmerkmal Beischlaf stellt, erweitern wollte.

Außerdem soll durch § 176 a II Nr. 1 StGB gerade die besondere Intensität der sexuellen Handlung bestraft werden, die auch dann zu bejahen ist, wenn „nur“ der Scheidenvorhof erreicht wurde.[420]

Eine bloße oberflächliche Berührung der Geschlechtsteile genügt allerdings nicht.[421] Insofern ist § 176 a II Nr. 1 StGB n.F. gegenüber § 176 III StGB a.F. das mildere Gesetz im Sinne von § 2 III StGB.
Denn nach § 176 III StGB a.F. konnte auch das Führen des erregten Gliedes an die Scheide des Kindes im Rahmen einer Gesamtabwägung bei einer „deutlich höheren Tatintensität“ als ein besonders schwerer Fall beurteilt werden.[422]

Diese nicht gewollte Privilegierung wurde jedoch bereits behoben, indem durch das Gesetz zur Änderung der Vorschriften über die Straftaten gegen die sexuelle Selbstbestimmung und zur Änderung anderer Vorschriften erneut der „besonders schwere Fall“ in § 176 III StGB eingeführt wurde, der wieder eine Mindeststrafe von einem Jahr vorsieht.

[418] SK-Horn/Wolters, § 176 a StGB, Rdnr. 3 e; L/K-Kühl, § 176 a, Rdnr. 2; BGHSt 45, 131, 132.
[419] so bereits BGHSt 16, 175, 176 (Urt. v. 26.07.1961 – 2 StR 204/60); BGHSt 46, 176; BGH NStZ 2001, 246; a.A. SK-Horn/Wolters, § 176 a StGB, Rdnr. 3 a, der die frühere und für das geltende Recht übernommene Rechtsprechung auf der Grundlage der Neufassung für nicht haltbar hält, da der Beischlaf ein typischer Unterfall des daneben genannten “Eindringens in den Körper” ist und das männliche Glied bei Berührung mit den äußeren weiblichen Geschlechtsorganen gerade nicht in die Körperöffnung der Scheide eindringt.
[420] NK-StGB-Frommel, 2005, § 176 a StGB, Rdnr. 8.
[421] BGH NStZ-RR 1998, 270, 271 (Beschl. v. 06.05.1998 – 1 StR 196/98).
[422] BGH NStZ-RR 1998, 271 (Beschl. v. 06.05.1998 – 1 StR 196/98).

Ein „Eindringen in den Körper“ ist ferner beim Einführen des Gliedes durch orale oder anale Penetration gegeben[423], wobei auch hier erforderlich ist, dass das Glied zumindest teilweise in die Körperöffnung gelangt.[424]

Darüber hinaus werden auch sonstige „beischlafsähnliche“ Tathandlungen erfasst, „die mit Eindringen in den Körper verbunden sind“.

Zumindest in den Fällen, in denen das Geschlechtsteil entweder des Täters oder des Opfers einbezogen ist, ergeben sich hinsichtlich des Strafmaßes keine Probleme, da insbesondere das Eindringen mit Gegenständen eine in gleicher Weise belastende und erniedrigende Verhaltensweise darstellen kann.
Diese Ansicht wird auch von der Rechtsprechung vertreten, wie der vom BGH am 18.11.1999 entschiedene Fall[425] zeigt, dem der folgende Sachverhalt zugrunde lag:

> Der Angeklagte, der sich zum Baden am Strand aufhielt, schwamm hinter der damals 12-jährigen A her und hielt sie, nachdem er sie erreicht hatte, an den Füßen fest. Sie versuchte, sich durch Treten zu befreien, geriet schließlich mit dem Kopf unter Wasser, verschluckte sich und glaubte zu ertrinken. Währenddessen fasste ihr der Angeklagte an das bedeckte Geschlechtsteil und drückte hierbei einen Finger in die Scheide des Mädchens, was ihr erhebliche Schmerzen bereitete.

Nach Auffassung des BGH hat sich der Angeklagte in diesem Fall sowohl wegen sexueller Nötigung gemäß § 177 I Nr. 1 und 3 StGB, als auch wegen schweren sexuellen Missbrauchs eines Kindes gemäß § 176 a I Nr. 1 StGB a.F. strafbar gemacht.
Anders als das Regelbeispiel des § 177 II 2 Nr. 1 StGB setze § 176 a II Nr. 1 StGB nämlich nicht voraus, dass die mit dem Eindringen in den Körper verbundenen sexuellen Handlungen das Opfer „besonders erniedrigen“. Vielmehr knüpft das Gesetz allein an das „Eindringen in den Körper“ an.

Damit fällt auch ein Zungenkuss, der die Erheblichkeitsschwelle des § 184 f Nr. 1 StGB überschreitet, unter den Gesetzeswortlaut, da ein dem Merkmal der „besonderen Erniedrigung“ in § 177 II Nr. 1 StGB vergleichbares Merkmal in § 176 a II Nr. 1

[423] BT-Drucks. 13/8587, S. 31 f.; 13/2463, S. 7; 13/7324, S. 6; T/F-Fischer, 51. Aufl., § 176 a StGB, Rdnr. 5; Lenckner NJW 1997, 2801 f.

[424] SK-Horn/Wolters, § 176 a StGB, Rdnr. 3 c; BGH NStZ 2000, 27, 28 (Beschl. v. 14.09.1999 - 4 StR 381/99). Der BGH vertrat die Ansicht, dass mit der Feststellung, dass das Mädchen mit dem Mund an dem Glied des Angeklagten manipulierte, nicht belegt sei, dass der Angeklagte mit seinem Glied jeweils auch in den Mund des Kindes eingedrungen ist. Die pauschale Kennzeichnung als „Oralverkehr“ durch das Landgericht ersetze nicht die notwendigen Feststellungen zur vom Tatbestand vorausgesetzten Penetration.

[425] BGH, NJW 2000, 672 (Urt. v. 18.11.1999 - 4 StR 389/99).

StGB fehlt.[426]
Dies setzt allerdings voraus, dass die Handlung dem Vollzug des Beischlafs, wie in § 176 a II Nr. 1 StGB vorausgesetzt, „ähnlich“, d.h. mit dessen Erheblichkeit im Hinblick auf das geschützte Rechtsgut vergleichbar ist.
So kann beispielsweise ein Zungenkuss gerade mit einem Kleinkind durchaus den von der Qualifikation vorausgesetzten Unrechtsgehalt aufweisen. Zu prüfen ist dann aber, ob ein minder schwerer Fall im Sinne des § 176 a IV StGB vorliegt.[427]

VII. Verhältnis zwischen § 176 StGB und § 176 a StGB

Der Grundtatbestand des § 176 StGB wird von der Qualifikation des § 176 a StGB verdrängt.
Liegt gleichzeitig eine Vollendung des Grundtatbestandes und der Versuch der Qualifikation vor, so besteht Tateinheit zwischen § 176 StGB und § 176 a StGB.[428]

[426] str., NK-StGB-Frommel, 2005, § 176 a StGB, Rdnr. 8; Laubenthal 2000, Rdnr. 382; Renzikowski NStZ 1999, 381, der die Meinung aber in NStZ 2000, 368 (Anm. zu BGH Urt. v. 18.11.1999) aufgegeben hat und nun die Ansicht vertritt, bei einem Zugenkuss fehle es bereits an einem "Eindringen". A.A. auch SK-Horn/ Wolters, § 176 a StGB, Rdnr. 3 c; S/S-Lenckner/Perron, § 176 a StGB, Rdnr. 3.
[427] NK-StGB-Frommel, 2005, § 176 a StGB, Rdnr. 8.
[428] NK-StGB-Frommel, 2005, § 176 a StGB, Rdnr. 15.

2. Teil: Abgrenzung der sexuellen Gewalt- und Missbrauchsdelikte nach den Reformen 1997, 1998 und 2004

Die 1997 eingeführte dritte Alternative des § 177 I StGB erfasst auch Fälle, in denen ein Täter an Personen, die sich aufgrund ihres Alters oder ihres Zustandes in einer schutzlosen Lage befinden, gegen deren Willen sexuelle Handlungen vornimmt. Dies führt zu Überschneidungen mit den §§ 176, 176 a und 179 StGB.

Zwar wurden die zwischen den Vorschriften aufgrund der uneinheitlichen Strafandrohungen bestehenden Wertungswidersprüche durch die zum 01.04.2004 in Kraft getretene Strafrahmenverschärfung in den §§ 176, 176 a, 179 StGB gemildert. Dennoch ist eine sinnvolle Abgrenzung zwischen den Vorschriften zwingend notwendig.

Denn zum einen wird der Grundtatbestand des sexuellen Missbrauchs in §§ 176 I, 179 I StGB weiterhin lediglich als Vergehen mit einer Freiheitsstrafe von sechs Monaten bis zu zehn Jahren geahndet. Nur wenn ein besonders schwerer Fall des sexuellen Missbrauchs vorliegt, entspricht die Strafandrohung in §§ 176 III, 179 III StGB der des Grundtatbestandes des § 177 I StGB.

Zum anderen werden sexuelle Handlungen, die mit einem „Eindringen in den Körper" des Opfers verbunden sind zwar seit dem 01.04.2004 nach §§ 176 a II Nr. 1, 179 V Nr. 1 und 177 II 2 Nr. 1 StGB mit der gleichen Strafe bedroht, die Merkmale werden aber wegen des verschiedenartigen Wortlauts der Vorschriften zum Teil unterschiedlich ausgelegt.

Schließlich kann in den Fällen, in denen sowohl das sexuelle Nötigungsdelikt, als auch der sexuelle Missbrauch bejaht wird aufgrund der dann vorliegenden Idealkonkurrenz der Vorschriften die Tat erheblich härter sanktioniert werden.

1. Kapitel: Abgrenzung zwischen § 177 I StGB und § 179 I StGB

Seit der Einführung der „Ausnutzungsvariante" werden von § 177 I StGB auch Fälle erfasst, in denen mit Opfern, die sich aufgrund einer der in § 179 I Nr. 1 und 2 StGB genannten Beeinträchtigungen in einer schutzlosen Lage befinden, unter Überwindung ihres entgegenstehenden Willens sexuelle Handlungen durchgeführt werden.

Die bereits in der Reformdiskussion im Zusammenhang mit dieser Erweiterung aufgeworfene Frage nach der Abgrenzung von § 177 StGB zu § 179 StGB konnten bis heute nicht zufriedenstellend geklärt werden.

I. Abgrenzung zwischen § 177 I Nr. 1 StGB und § 179 I StGB

Eine sexuelle Nötigung wird nach dem restriktiven Gewaltbegriff der Rechtsprechung nur dann mit Gewalt vorgenommen, wenn der tatsächlich geleistete oder zu erwartende Widerstand durch eine gegen den Körper des Opfers gerichtete Kraftentfaltung, die auf Seiten des Opfers als körperlicher Zwang empfunden wird, überwunden werden soll.
Rechnet der Täter aber von vorne herein nicht mit Widerstand seitens des Opfers, weil dieses widerstandsunfähig ist und infolge dessen keinen Widerstand leisten kann, so fehlt es an der zur Erfüllung des Merkmals Gewalt erforderlichen Absicht, einen tatsächlich geleisteten oder bestimmt erwarteten Widerstand des Opfers zu überwinden.

Das Merkmal der Gewalt ist erst recht nicht erfüllt, wenn das Opfer aufgrund einer Täuschung des Täters über seine wahren Absichten mit der Anwendung von zur Widerstandsunfähigkeit führenden Mitteln einverstanden ist und in diesem Zustand für sexuelle Handlungen benutzt wird.[429] In diesen Fällen ist dann in der Regel § 179 StGB anwendbar.
Darüber hinaus sind auch die Voraussetzungen des § 177 I Nr. 3 StGB erfüllt, wenn das Opfer in die Herbeiführung der Widerstandsunfähigkeit eingewilligt hat, sein Einverständnis sich jedoch nur auf die Herbeiführung der Widerstandsunfähigkeit bezieht, und der Täter schon vor oder bei Herbeiführung des widerstandsunfähigen Zustandes beabsichtigte, diesen zu sexuellen Handlungen auszunutzen.

Bezieht sich das Einverständnis des Opfers hingegen auch auf die sexuelle Handlung im Zustand der Widerstandsunfähigkeit, so nützt der Täter diese in der Regel nicht aus. In jedem Fall fehlt es aber an einem Missbrauch.[430]

Demgegenüber ist das gewaltsame und heimliche Einflößen alkoholischer Getränke und betäubender Mittel Gewalt im Sinne des § 177 I Nr. 1 StGB, wenn hierdurch der Widerstand des Opfers gebrochen werden soll.
Denn in diesen Fällen hat die lähmende Wirkung des Betäubungsmittels eine anderer körperlicher Gewalt vergleichbare Wirkung, die dem Opfer eine Widerstands-

[429] BGH JR 1959, 345 (Urt. v. 21.04.1959 – 5 StR 75/59); S/S-Lenckner/Perron, § 179 StGB, Rdnr. 10; a.A. Mittelbach, JR 1959, 345, 346 (Anm. zu BGH JR 1959, 345), wonach nicht die Art der entfalteten Tätigkeit, sondern die Wirkung, d.h. der auf die andere Person ausgeübte Zwang maßgeblich sei. Das Einverständnis mit der Narkose könne nicht bedeuten, dass sich der Patient damit auf Gedeih und Verderb unter Ausschaltung seines eigenen Willens demjenigen ausgeliefert sehen will, der die Narkose vornimmt. So bedeute die Bereitschaft zur Narkose nicht die Aufgabe jedes willentlichen Widerstandes gegen eine unsittliche Berührung, sondern der Wille der Patientin hierzu bestand fort, weil sie eine solche Möglichkeit gar nicht in den Kreis ihrer Erwägungen einbezogen hat.

[430] S/S-Lenckner/Perron, § 179 StGB, Rdnr. 10.

handlung ebenso unmöglich macht, wie ein betäubender Schlag oder ein anderer betäubender Zwang.[431]

II. Abgrenzung zwischen § 177 I Nr. 2 StGB und § 179 I StGB

Eine sexuelle Nötigung durch Drohung mit gegenwärtiger Gefahr für Leib oder Leben liegt vor, wenn der Täter eine Lebens- oder Leibesgefahr in Aussicht stellt, auf deren Eintritt er Einfluss zu haben vorgibt.
Die sexuelle Handlung oder deren Duldung geschieht dann zwar aufgrund einer Entscheidung des Opfers, jedoch ist dessen Wille wegen der Einschränkung der Entscheidungsmöglichkeiten nicht frei gebildet und wird daher als tatbestandsausschließend nicht anerkannt.

Droht der Täter zur Vornahme der sexuellen Handlung also mit einer Gefahr für Leib und Leben des Opfers, so ist auch bei widerstandsunfähigen Opfern § 177 I Nr. 2 StGB einschlägig.
Daneben ist aber auch § 179 StGB gegeben. Denn aufgrund der Strafrahmenangleichung durch das Gesetz zur Änderung der Vorschriften über die Straftaten gegen die sexuelle Selbstbestimmung und zur Änderung anderer Vorschriften ist § 179 StGB nicht mehr als Auffangtatbestand zu sehen, sondern steht gleichrangig neben § 177 StGB.[432]

III. Abgrenzung zwischen § 177 I Nr. 3 StGB und § 179 I StGB

1. Problemaufriss

Vor Einführung des § 177 I Nr. 3 StGB wurde § 179 StGB nach herrschender Meinung[433] von den §§ 177, 178 StGB a.F. verdrängt, wenn der Täter die sexuellen Handlungen mit Gewalt oder durch Drohung mit gegenwärtiger Gefahr für Leib oder Leben vornahm, da er das Opfer dann zumindest nicht für widerstandsunfähig hielt.[434]

[431] BGH NJW 1953, 351 (Urt. v. 15.01.1953 – 3 StR 659/52); Harbeck, S. 101; Sick 1993, 121.
[432] so auch NK-StGB-Frommel, 2005, § 177 StGB, Rdnr. 35, § 179 StGB, Rdnr. 4 ff.
[433] vgl. u.a. BGH NStZ 1981, 23 (Beschl. v. 16.07.1980 – 3 StR 232/80).
[434] D/T-Tröndle, 47. Aufl., § 177 StGB, Rdnr. 2; § 179 StGB, Rdnr. 9.

Diese sog. Exklusivitätsthese wurde aber aufgegeben. Denn seit der Entscheidung des BGH zum sog. Hanauer Arztfall[435] werden von der Vorschrift des Missbrauchs Widerstandsunfähiger auch eingeschränkt Widerstandsfähige erfasst, wenn bei konkreter Betrachtungsweise eine an und für sich widerstandsfähige Person in der konkreten Situation aus persönlichen Gründen nicht in der Lage ist, ihren entgegenstehenden Willen zu betätigen.

Infolge der Einführung des § 177 I Nr. 3 StGB durch das 33. Strafrechtsänderungsgesetz stellt sich nun die Frage, ob für § 179 StGB neben § 177 I Nr. 3 StGB überhaupt ein Anwendungsbereich verbleibt, ferner wie § 179 I StGB von § 177 I Nr. 3 StGB sinnvoll abzugrenzen ist.

Während des Gesetzgebungsverfahrens zur Änderung der §§ 177 bis 179 StGB wurde zum Verhältnis zwischen § 177 I Nr. 3 StGB und § 179 I StGB Folgendes ausgeführt:

> „Der Tatbestand des § 179 I StGB setzt nicht voraus, dass der Täter die sexuelle Handlung mit Gewalt oder Drohung erzwungen oder unter Ausnutzung einer hilflosen Lage im Sinne des § 177 I StGB n.F. erreicht hat; wie bei den §§ 174 bis 176 Abs. 1 und 2 und 182 StGB genügt die schlichte - d.h. ohne Einsatz von Nötigungsmitteln erfolgte - Vornahme einer sexuellen Handlung, die im Hinblick auf das geschützte Rechtsgut der freien sexuellen Selbstbestimmung von einiger Erheblichkeit ist."[436]

> "Setzt der Täter gegen ein geistig oder körperlich behindertes Opfer die Nötigungsmittel „Gewalt" oder „Drohung mit gegenwärtiger Gefahr für Leib oder Leben" ein, sind die Strafvorschriften gegen sexuelle Nötigung und Vergewaltigung (§ 177 StGB n.F.) anwendbar. Die neue Tathandlung des Ausnutzens einer hilflosen Lage im Sinne des § 177 I StGB n.F. ist auch zu dem Zweck eingeführt worden, den Schutz geistig oder körperlich behinderter Menschen, deren Widerstandsfähigkeit eingeschränkt ist, vor erzwungenen sexuellen Übergriffen zu verbessern."[437]

Auch der Rechtsausschuss des Deutschen Bundestages hat in Übereinstimmung mit der Auffassung der Bundesregierung festgestellt:

[435] BGHSt. 36, 145.
[436] BT-Drucks. 13/9064, S. 9.
[437] BT-Drucks. 13/9064, S. 9.

> „Für § 179 StGB genügt dagegen die schlichte Vornahme sexueller Handlungen; ob der Täter mit Gewalt oder durch Drohung gehandelt oder eine hilflose Lage des Opfers ausgenutzt hat, ist hier unerheblich. Auf diese Weise werden Fälle aufgefangen, in denen die Beugung eines der Tat entgegenstehenden Willens durch den Täter, also eine Nötigung nicht nachweisbar ist. Daran zeigt sich, dass § 179 StGB einen zusätzlichen Strafschutz bietet, der die §§ 177, 178 StGB im Interesse behinderter Menschen sinnvoll ergänzt. Die Vorschrift soll neben dem neu gefassten § 177 StGB beibehalten werden, um möglicherweise noch verbleibende Strafbarkeitslücken zu schließen."[438]

Die Abgrenzung der beiden Vorschriften ist insofern problematisch, als eine Person, die im Sinne des § 179 StGB „wegen einer geistigen oder seelischen Krankheit oder Behinderung einschließlich einer Suchtkrankheit oder wegen einer tiefgreifenden Bewusstseinsstörung oder körperlich zum Widerstand unfähig" ist, auch immer gleichzeitig im Sinne des § 177 I Nr. 3 StGB in einer Lage ist, in der sie der Einwirkung des Täters schutzlos ausgeliefert ist.
Da aber die sexuelle Nötigung nach § 177 I Nr. 3 StGB als Verbrechen mit Freiheitsstrafe von einem Jahr bis 15 Jahren, der sexuelle Missbrauch nach § 179 I StGB dagegen nur als Vergehen mit Freiheitsstrafe von sechs Monaten bis 10 Jahren bedroht ist, wird immer wieder der Vorwurf der Diskriminierung behinderter Menschen erhoben.[439]

2. Anwendungsbereich von § 177 I Nr. 3 StGB und § 179 StGB

Der Vorwurf der Diskriminierung ist nicht gerechtfertigt, wenn ein sachlicher Grund für die Strafrahmenunterschiede existiert.

Zunächst ist daher der Anwendungsbereich des § 179 StGB von dem des § 177 I Nr. 3 StGB abzugrenzen. Dabei ist insbesondere zu klären, ob für § 179 StGB nach der Erweiterung des § 177 StGB überhaupt noch ein eigener Anwendungsbereich verbleibt, denn andernfalls wäre § 179 StGB überflüssig und widerstandsunfähige Menschen würden auch nicht diskriminiert.[440]

Nach dem Willen des Gesetzgebers[441] wurde § 179 StGB zunächst als Auffangtatbestand im Verhältnis zu § 177 I Nr. 3 StGB beibehalten, um möglicherweise noch verbleibende Strafbarkeitslücken zu schließen.[442]
Da für § 179 StGB die schlichte Vornahme sexueller Handlungen genügt, sollten durch die Vorschrift Fälle aufgefangen werden, in denen die Beugung eines der Tat

[438] BT-Drucks. 13/7663, S. 3.
[439] so auch Oberlies, ZStW 114 (2002), 130, 131.
[440] Oberlies, ZStW 114 (2002), 130, 131.
[441] BT-Drucks. 13/9064, S. 9.
[442] BT-Drucks. 13/7663, S. 3, 4.

entgegenstehenden Willens durch den Täter, also eine Nötigung nicht nachweisbar ist.[443]

Zwar wurde vereinzelt vertreten, dass § 179 StGB entfallen solle, wenn in § 177 I StGB das Tatbestandsmerkmal „Ausnutzen einer hilflosen Lage" aufgenommen würde, da ein Opfer, das im Sinne des § 179 I StGB physisch oder psychisch widerstandsunfähig und infolge dessen nicht zu einer Abwehrhandlung gegenüber dem Täter fähig ist, dem Täter auch immer aufgrund seiner Wehrlosigkeit im Sinne des § 177 I Nr. 3 StGB schutzlos ausgeliefert ist, so dass alle Fälle des § 179 StGB problemlos von § 177 I Nr. 3 StGB erfasst würden.[444]
Überwiegend sind sich aber Gesetzgeber, Literatur und Rechtsprechung darüber einig, dass § 179 StGB und § 177 I Nr. 3 StGB nicht absolut deckungsgleich sind.
So besteht nach dem Bericht der Bundesregierung, dem eine Analyse der Rechtsprechung zugrunde lag und der dem Bundestag Ende Juli 2000 zugeleitet wurde [445], für § 179 StGB neben § 177 I Nr. 3 StGB ein eigenständiger Anwendungsbereich, der eine Fortgeltung als Vergehen erfordere.

Aus dem Blickwinkel des Rechtsguts der sexuellen Selbstbestimmung ist zwischen § 179 StGB als Missbrauch durch Ausnutzung unwirksamer Zustimmungen oder eingeschränkter Schutzlagen einschließlich des Fehlens einer Willensentscheidung des Opfers einerseits und § 177 I Nr. 3 StGB als Bestimmung des Opfers gegen dessen Willen andererseits zu unterscheiden.[446]

Auch die Landesjustizverwaltungen traten ausweislich des vom Rechtsausschuss des Deutschen Bundestages in seinem Bericht vom 14.05.1997[447] zum 33. Strafrechtsänderungsgesetz angeforderten Berichts, einhellig für eine Beibehaltung des § 179 StGB neben § 177 StGB ein, da nach Auswertung diverser strafgerichtlicher Entscheidungen aus den Jahren 1997 bis 1999 ein eigenständiger Anwendungsbereich verbleibe.
In den ausgewerteten Entscheidungen wurden die Täter nach § 179 StGB bestraft, da die Opfer aus unterschiedlichen Gründen (in neun Fällen geistige Behinderung, in vier Fällen Schlaf, in zwei Fällen Alkoholeinfluss, in zwei Fällen drogenbedingte Bewusstlosigkeit) nicht in der Lage waren, einen der Tat entgegenstehenden Willen zu bilden.[448]

[443] vgl. BGHSt 45, 253 (Urt. v. 20.10.1999 – 2 StR 248/99).
[444] vgl. Helmken, ZRP 1995, 307; Helmken ZRP 1996, 242; T/F-Fischer, 51. Aufl., § 177 StGB, Rdnr. 16 a.
[445] Der Bericht kann unter www.bmj.bund.de/images/10354.pdf abgerufen werden.
[446] T/F-Fischer, § 179 StGB, Rdnr. 3.
[447] BT-Drucks. 13/7663, S. 3.
[448] Bericht des Bundesjustizministeriums zu § 179 StGB, März 2001, abrufbar unter www.bmj.bund.de/media/archive/140.pdf.

Allerdings kritisiert Oberlies in diesem Zusammenhang, dass die dem Bericht des Bundesjustizministeriums zugrunde gelegten Urteile, die überwiegend aus Nordrhein-Westfalen stammten, nicht wirklich ausgewertet wurden.[449]
Sie selbst stellte bei der Auswertung der ihr zur Verfügung gestellten Urteile fest, dass in den 15 untersuchten Urteilen die Abgrenzung von § 179 StGB zu § 177 I Nr. 3 StGB keine Rolle spielte, sondern vielmehr § 177 StGB in keiner der Entscheidungen erwähnt wurde. Dies zeige, dass § 179 StGB die Funktion einer Spezialnorm für geistig behinderte Menschen und Schlafende habe und infolge dessen nicht als Auffang-, sondern als Ausweichtatbestand zur Strafentschärfung und Arbeitserleichterung diene. Denn die Gerichte behaupteten eine Wehrlosigkeit infolge der Behinderungen, obwohl Widerstandshandlungen beschrieben wurden, die die Taten ohne Zweifel zu Fällen des § 177 I Nr. 3 StGB gemacht hätten.[450]

Hierzu führte Oberlies unter anderem das folgende Beispiel an, welches ihrer Erkenntnis nach für viele steht:

> „V wehrte sich zunächst, kam jedoch schließlich dem Ansinnen des Angeklagten nach. (...) Jedoch konnte er sich infolge seiner Minderbegabung nicht gegen das sexuelle Verlangen des Angeklagten wehren." [451]

Festzuhalten bleibt, dass nach der Rechtsprechungsanalyse der Bundesregierung durchaus ein Anwendungsbereich für § 179 StGB verbleibt, dass also nicht alle von § 179 I StGB erfassten Fälle auch und zwangsläufig von § 177 I Nr. 3 StGB erfasst werden.
Damit stellt sich die Frage nach der sinnvollen Abgrenzung der beiden Vorschriften.

3. Verschiedene Abgrenzungstheorien

Es wurden bereits verschiedene Möglichkeiten vorgeschlagen, wie die beiden Vorschriften voneinander abgegrenzt werden könnten. Eine herrschende Meinung konnte sich jedoch bislang noch nicht herausbilden.

Ein Überblick über die bisher vorgeschlagenen Abgrenzungsmöglichkeiten wird im Folgenden dargestellt.

[449] Oberlies, in: Zinsmeister, Sexuelle Gewalt gegen behinderte Menschen und das Recht.
[450] Oberlies, ZStW 114 (2002), 130, 135, 136.
[451] Oberlies, ZStW 2002, 135.

a. Abgrenzung danach, ob der Täter die schutzlose Lage verursacht hat

Schon bald nach Einführung des § 177 I Nr. 3 StGB schlug Horn[452] vor, die Vorschriften danach abzugrenzen, ob die schutzlose Lage vom Täter verursacht und ausgenutzt wurde oder ob er sie lediglich vorgefunden und ausgenutzt hat.
Horn begründete dies mit der unterschiedlichen Strafandrohung der beiden Vorschriften, die zeige, dass durch § 177 StGB offensichtlich schwerere Ausnutzungsfälle als durch den milderen § 179 StGB erfasst werden sollen. Da sich die zum Sexualkontakt jeweils ausgenutzte Situation des Opfers praktisch als identisch erweise, könne ein Unterschied also nur in den Umständen liegen, die zu der Sondersituation des Opfers geführt hätten.
Im Fall des § 177 StGB sei die schutzlose Lage vom Täter verursacht und dann zum Sexualkontakt ausgenutzt worden, liege also in seinem Verantwortungsbereich.
Dagegen werde der gleiche Schwächezustand des Opfers in den Fällen des § 179 StGB vom Täter nur vorgefunden und ausgenutzt, da die schutzlose Lage dem Opfer bereits vorher „anhaftete".[453]

Diese Theorie ist aus den folgenden Gründen abzulehnen und wird nun auch von Horn selbst nicht mehr vertreten.[454]

Zum einen widerspricht der Wortlaut der Vorschrift dieser Auslegung, da er die dritte Alternative des § 177 I StGB nicht auf das Ausnutzen einer vom Täter verursachten schutzlosen Lage beschränkt, sondern schlicht von „Ausnutzung" spricht.[455]

Zum anderen lässt auch die Entstehungsgeschichte die von Horn gewählte Auslegung nicht zu, da der Gesetzgeber bei der Formulierung des § 177 I Nr. 3 StGB bewusst nur das Tatbestandsmerkmal „Ausnutzen einer hilflosen Lage" des § 237 a.F. in abgewandelter Form übernahm, nicht jedoch auch die Voraussetzung der „Schaffung der hilflosen Lage durch den Täter mittels Entführung".

Darüber hinaus ist die Beschränkung der Ausnutzungsalternative auf vom Täter zuvor geschaffene Lagen nicht erforderlich zur Abgrenzung der Vorschriften, sondern diese ist ohne weiteres anhand des Tatbestandsmerkmals Nötigen möglich.[456]

452 SK-StGB-Horn, 49. Lfg. (Okt. 1999), § 177 StGB, Rdnr. 14.

453 SK-StGB-Horn, 49. Lfg. (Okt. 1999), § 177 StGB, Rdnr. 14: ähnlich auch Helmken, ZRP 1996, 243, der vorschlägt, das Tatbestandsmerkmal "Ausnutzen einer hilflosen Lage" durch den Zusatz "von ihm veranlassten hilflosen Lage" zu ergänzen. Wie er selbst in diesem Zusammenhang ausführt, hätte dies zur Konsequenz, dass ängstliche Opfer, die sich willentlich zur Unzeit an Örtlichkeiten begeben, wo sie auf Hilfe Dritter nicht hoffen können und dort per Zufall auf den Täter treffen, nur den widerstandsunfähigen Opfern des § 179 StGB gleichgesetzt werden könnten.

454 SK-Horn/Wolters, § 177 StGB, 58. Lfg., Rdnr. 14, mit der Begründung dass diese Interpretation sowohl dem Wortlaut, als auch dem Anliegen des § 177 I Nr. 3 StGB widerspricht.

455 BGH NStZ 2000, 141 (Urt. v. 20.10.1999 – 2 StR 248/99); Renzikowski, NStZ 1999, 379.

456 BGH NStZ 2000, 141 (Urt. v. 20.10.1999 – 2 StR 248/99).

Ferner ist eine Unterscheidung von äußeren Umständen einerseits und Zuständen des Opfers andererseits auch nicht praktikabel, da sie in denjenigen Fällen, in denen eine schutzlose Lage sowohl auf äußeren Faktoren als auch auf in der Person des Opfers liegenden besonderen Umständen beruht, zu nicht lösbaren Abgrenzungsschwierigkeiten führt.[457]
Schließlich lässt die Theorie die typische Vergewaltigungssituation außer Acht. Denn grenzt man danach ab, ob der Täter die schutzlose Lage verursacht hat, so muss im Falle eines Opfers, das vor Angst gelähmt ist, zunächst geprüft werden, ob der Täter die das Opfer lähmende Angst hervorgerufen hat oder nicht. Neben erheblichen Beweisschwierigkeiten im Hinblick auf die Schreckhaftigkeit des Opfers führt die Theorie auch zu einer unverdienten Privilegierung des Täters, der sich gezielt Opfers sucht, die ihm unterlegen oder isoliert sind.
Richtigerweise stellt sich dann, wenn das Opfer mit dem Täter zusammentrifft und aufgrund seiner Vereinzelung oder seiner körperlichen Unterlegenheit gegenüber dem Täter aus Angst zu einer Gegenwehr nicht mehr fähig ist, das Opferverhalten immer als Konsequenz auf das Verhalten des Täters dar.[458]

b. Abgrenzung anhand des Tatbestandsmerkmals "Nötigung"

Nach Ansicht des BGH habe die sachgerechte Grenzziehung zwischen § 177 I Nr. 3 und § 179 StGB anhand des Tatbestandsmerkmals „Nötigung" in § 177 I Nr. 3 StGB zu erfolgen, da lediglich dieses Merkmal in § 179 I StGB fehlt.[459]

Denn § 177 I Nr. 3 StGB erfasse auch Fälle, in denen Opfer, die sich aufgrund einer der in § 179 I Nr. 1 und 2 StGB genannten Beeinträchtigungen in einer schutzlosen Lage befinden, unter Überwindung ihres entgegenstehenden Willens zu einem sexuellen Verhalten bestimmt werden, da der Gesetzgeber mit der Tatalternative des Ausnutzens einer schutzlosen Lage gerade auch den Schutz geistig und körperlich behinderter Menschen, deren Widerstandsfähigkeit eingeschränkt ist, vor erzwungenen sexuellen Übergriffen verbessern wollte.[460]

Durch § 179 StGB soll der durch § 177 I StGB vermittelte Strafschutz lediglich ergänzt werden, indem diejenigen Fälle erfasst werden, in denen die Beugung eines der Tat entgegenstehenden Willens durch den Täter nicht vorliegt.

[457] BGHSt 45, 253 (Urt. v. 20.10.1999 – 2 StR 248/99).
[458] Harbeck, S. 126.
[459] BGH NStZ 2000, 141 (Urt. v. 20.10.1999 - 2 StR 248/99).
[460] vgl. BT-Drucks. 13/7663, S. 4; BT-Drucks. 13/8267, S. 4, 10; BT-Drucks. 13/9064, S. 9.

c. Abgrenzung danach, ob der Täter den entgegenstehenden Willen des Opfers durch Ausübung von Zwang überwunden hat

Nach dieser Ansicht muss der Täter zusätzlich zur Ausnutzung eine schutzlosen Lage eine Nötigungshandlung wie in § 240 I StGB vornehmen, er muss also den entgegenstehenden Willen des Opfers durch Ausübung von Zwang überwinden.[461]

Aus dem Anwendungsbereich des § 177 I Nr. 3 StGB würden somit alle Fälle ausscheiden, in denen das Opfer von vorne herein nicht in der Lage ist, einen entgegenstehenden Willen zu bilden oder zu betätigen sowie solche, in denen das Opfer seinen Willen zwar gegenüber dem Täter artikulieren kann, dieser sich aber ohne Ausübung von Zwang durch schlichte Nichtbeachtung oder Täuschung darüber hinwegsetzt. Hier käme nur § 179 StGB in Betracht.[462]

Hiergegen spricht jedoch bereits der Wortlaut der Vorschrift, dem sich eine solche Einschränkung des Anwendungsbereichs nicht entnehmen lässt.
Denn dem ihm wehrlos ausgelieferten Opfer gibt der Täter zumindest konkludent zu verstehen: „Halte lieber still! Ich kann auch anders. Widerstand hat keinen Zweck, weil du mir ausgeliefert bist“. In diesem Verhalten liegt die Androhung von Gewalt oder des Einsatzes anderer Nötigungsmittel, die ihrerseits bereits eine Nötigung darstellt. Also ist bereits begrifflich mit dem Ausnutzen einer schutzlosen Lage eine Nötigung verbunden.

Die Theorie widerspricht darüber hinaus auch dem Gesetzeszweck, gerade behinderten Menschen ein Mehr an Schutz zu bieten, da diese, wenn sie widerstandsunfähig sind, nach dieser Ansicht von vorneherein aus dem Anwendungsbereich des § 177 I Nr. 3 StGB ausgenommen würden.

Schließlich würde diese Interpretation auch zu einem Verstoß gegen Art. 3 III 2 GG führen, wonach behinderte Menschen nicht willkürlich schlechter gestellt werden dürfen. Denn wenn ein Widerstandsunfähiger einen entgegenstehenden Willen gebildet hat, und der Täter dennoch unter Ausnutzung der schutzlosen Lage sexuelle Handlungen an ihm vornimmt, so ist nicht einzusehen, warum der Täter nicht auch nach § 177 I Nr. 3 StGB bestraft werden soll.

d. Abgrenzung danach, ob das Opfer gänzlich widerstandsunfähig oder lediglich eingeschränkt widerstandsfähig ist

Nach dieser Ansicht stehen § 177 StGB und § 179 StGB im Verhältnis der Exklusivität zueinander, da die sexuelle Nötigung ein Mindestmaß an Widerstandsfähigkeit voraussetzt.[463]

[461] S/S-Lenckner/Perron, § 179 StGB, Rdnr. 10; Fischer, NStZ 2000, 142, 143.
[462] a.A. BGHSt 45, 257 ff.
[463] Renzikowski, NStZ 1999, 385.

Ist das Opfer im Zeitpunkt der Tathandlung absolut widerstandsunfähig, so könne die Tat nicht nach § 177 I Nr. 3 StGB strafbar sein, da es unmöglich sei, einen zu jeglichem Widerstand unfähigen Menschen zur Unterlassung von Widerstand zu nötigen.[464]
Kann ein Opfer hingegen zumindest Abwehrhandlungen wie z.B. Abwehrbewegungen gegen den Täter mit den Händen, Festhalten der Unterhose, Wälzen von einer Seite zur anderen vornehmen, so ist es nicht widerstandsunfähig.[465]

Auch gegen diese Theorie spricht das Ziel des Gesetzgebers, gerade behinderte Menschen mehr zu schützen.
Ferner ist die Ausgrenzung widerstandsunfähiger Menschen aus dem Schutzbereich der Vorschrift durch den Wortlaut des § 177 I Nr. 3 StGB nicht mehr gedeckt.

e. Abgrenzung danach, ob die sexuelle Handlung gegen den Willen des Opfers oder äußerlich einvernehmlich vorgenommen wird

Nach dieser Ansicht liegt der begriffliche Unterschied zwischen § 177 I Nr. 3 StGB und § 179 I StGB in der objektivierbaren und vom Täter wahrgenommenen Willensbeugung des Opfers.
Erfolgt die unmittelbar körperlich wirkende sexuelle Handlung gegen den Willen des Opfers in einer vom Täter geschaffenen oder ausgenutzten Zwangssituation, liege sexuelle Nötigung vor.[466]
Kommt es auf den entgegenstehenden Willen des Opfers nicht an, weil in den tatbestandlich umschriebenen Situationen sexuelle Handlungen grundsätzlich zu unterbleiben haben, liege sexueller Missbrauch vor. Dies ist dann der Fall, wenn Manipulationen den sexuellen Kontakt nicht als Ausdruck selbstbestimmter Sexualität, sondern als Missbrauch einer schutzbedürftigen Person erscheinen lassen.[467]

f. Abgrenzung nach dem Vorliegen eines Einverständnisses des Opfers

Nach dieser Ansicht hat ein Opfer, das keinen Willen bildet, einen entgegenstehenden Willen, nämlich den, dass seine Integrität nicht durch Benutzung für die sexuellen Bedürfnisse anderer verletzt wird.[468]

[464] Graul, JR 2001, 119 (Anm. z. BGH, Urt. v. 20.10.1999 – 2 StR 248/99); Renzikowski, NStZ 1999, 379, 380, 385.
[465] Graul, JR 2001, 119 (Anm. z. BGH, Urt. v. 20.10.1999 – 2 StR 248/99).
[466] NK-StGB-Frommel, § 177 StGB, Rdnr. 27; § 179 StGB, Rdnr. 27.
[467] Frommel, Die Reform der Sexualdelikte 1997/1998, S. 13, 14.
[468] Oberlies in: Zinsmeister, Sexuelle Gewalt gegen behinderte Menschen und das Recht, S. 170, 171, 194.

§ 179 StGB ist infolge dessen auf die Fälle beschränkt, in denen das Opfer ein Einverständnis erteilt hat, das aber nicht mit vollem Verständnis für die Sachlage erteilt wurde und damit rechtlich unbeachtlich ist.

Problematisch an dieser Theorie ist, dass ein entgegenstehender Wille und damit das Vorliegen einer "Nötigung" in bestimmten Fällen einfach unterstellt wird, ohne dass sie tatsächlich vorliegt. Dies ist nicht mit dem Bestimmtheitsgrundsatz des Art. 103 II GG vereinbar, da in diesen Fällen insbesondere das Risiko der Bestrafung wegen „sexueller Nötigung/Vergewaltigung" für den Täter nicht erkennbar ist.

4. Einverständniserteilung durch das Opfer als maßgebliches Abgrenzungskriterium

Wie oben dargestellt, widerspricht die reine Abgrenzung danach, ob ein Einverständnis des Opfers vorliegt dem Bestimmtheitsgrundsatz.
Da mit dieser opferfreundlichen Theorie aber auf der anderen Seite eine sinnvolle Abgrenzung zu § 179 StGB ermöglicht wird, ebenso wie die Verwirklichung der vom Gesetzgeber verfolgten Ziele, wird sie als Anknüpfungspunkt verwendet und lediglich im Hinblick auf den Bestimmtheitsgrundsatz eingeschränkt.

a. Bedeutung der Dispositionsfreiheit

Grundsätzlich hat jeder Mensch das Recht auf einen „autonomen" Umgang mit einem bestimmten Rechtsgut, so dass er auch in seinem Entschluss, dieses aufzuopfern frei ist. Durch Normen kann daher lediglich die Erzeugung und Ausübung von Unfreiheit verboten werden.[469]
Eine solche Situation liegt vor, wenn Werte eines Individuums derart gefährdet sind, dass es für deren Bewahrung Sorge tragen muss. Um zu verhindern, dass die Gefährdung in einen Schaden mündet, bringt die bedrängte Person dem Ausbeuter der Zwangslage ein Opfer, das sie sonst nicht erbringen würde.[470]
Dies setzt jedoch voraus, dass das Opfer grundsätzlich fähig ist, Entscheidungen zu treffen. Denn nur dann kann es auch im Wege einer Kosten-Nutzen-Erwägung rechtlich geschützte Werte wie die sexuelle Selbstbestimmung einbringen, um sich aus der Zwangslage zu befreien.

Bei § 177 StGB und bei § 179 I Nr. 2 StGB ist die Freiheit des Opfers, über sein sexuelles Selbstbestimmungsrecht zu disponieren, uneingeschränkt. Denn ein ledig-

[469] Amelung, GA 1999, 186.
[470] Amelung, GA 1999, 200.

lich körperlich Widerstandsunfähiger ist zur Willensbildung und Abwägung generell ebenso fähig, wie ein Widerstandsfähiger.

Im Gegensatz dazu ist bei § 179 I Nr. 1 StGB die Dispositionsfreiheit eingeschränkt, wenn der Widerstandsunfähige krankheitsbedingt nicht in der Lage ist, sein Verhalten nach seiner Einsicht zu bestimmen.[471] Dann kann er nicht über sein sexuelles Selbstbestimmungsrecht verfügen, so dass auch sein Einverständnis die Strafbarkeit nach § 179 StGB nicht hindert.

b. Abgrenzungstheorie

Maßgebliches Kriterium der Unterscheidung von § 177 I Nr. 3 StGB und § 179 StGB ist zunächst das Merkmal „Nötigung".
Dieses setzt wiederum voraus, dass das Opfer generell zur Bildung eines entgegenstehenden Willens fähig ist. Die Fähigkeit, konkret im Zeitpunkt der Tat einen entgegenstehenden Willen zu bilden und zu äußern ist hingegen nicht erforderlich, wenn dessen Vorliegen der konkreten Situation immanent ist.

Das Handeln des Täters mit Zustimmung des Opfers ist prinzipiell nicht strafbar, auch wenn die Zustimmung erschlichen wurde oder unüberlegt gegeben wurde. Denn ein „hinter" der Willens- und Handlungsfreiheit liegendes Rechtsgut wie die Ehre, Sittlichkeit oder körperliche Integrität ist durch die Vorschriften des Sexualstrafrechts grundsätzlich nicht geschützt, da es in einem rechtsstaatlichen Strafrecht keinen allgemeinen Selbstschädigungsausschluss geben kann.[472]

Eine absolute Ausnahme hierzu besteht bei Personen unter 14 Jahren. Deren Einwilligung ist gemäß § 176 StGB ausnahmslos unwirksam.

Bei Widerstandsunfähigen im Sinne des § 179 StGB ist demgegenüber die Anerkennung der Zustimmung von einer Bewertung der Dispositionsfreiheit im Einzelfall abhängig.[473]

aa. Generelle Fähigkeit zur Bildung eines eigenen Willens

Zu prüfen ist also immer zunächst, ob das Opfer generell zur Bildung eines entgegenstehenden Willens fähig ist. Nur in diesem Fall kann § 177 I Nr. 3 StGB einschlägig sein, da die „Nötigung" ein Tatbestandsmerkmal des § 177 I Nr. 3 StGB ist.

[471] Amelung GA 1999, 202.
[472] so auch Fischer, ZStW 112, 90, 91.
[473] so auch Fischer, ZStW 112, 90, 91.

Kann das Opfer prinzipiell einen entgegenstehenden Willen bilden und ist es nur in der konkreten Situation infolge Schlaf, Trunkenheit, Schock oder ähnlichem hierzu nicht fähig, so hindert dies nicht die Bestrafung des Täters nach § 177 I Nr. 3 StGB.

Ist das Opfer hingegen grundsätzlich nicht zur Bildung eines eigenen Willens fähig, so ist § 177 I Nr. 3 StGB nicht einschlägig.[474]
Das Opfer ist dann zur Ausübung selbstbestimmter Sexualität nicht fähig mit der Folge, dass zu seinem Schutz § 179 StGB eingreift.

bb. Klare Indikatoren für einen entgegenstehenden Willen

Hat das Opfer in der konkreten Tatsituation keinen aktuellen entgegenstehenden Willen gebildet und geäußert, so ist zu prüfen, ob der generelle entgegenstehende Wille im Tatzeitpunkt aufgrund klarer Indikatoren erkennbar war, weil die Situation objektiv keinen anderen Schluss zuließ.
Eine solche klare Situation liegt beispielsweise vor, wenn der Täter nachts durch das Fenster in eine fremde Wohnung einsteigt und an einer ihm unbekannten, in der Wohnung schlafenden Frau sexuelle Handlungen vornimmt.

Ist der entgegenstehende Wille der Situation immanent, so reicht das Vorliegen des generellen entgegenstehenden Willens des Opfers aus, um das Tatbestandsmerkmal „Nötigung“ in § 177 I Nr. 3 StGB zu erfüllen.

Dies hat zur Konsequenz, dass die Fälle, in denen das Opfer seinen bestehenden entgegenstehenden Willen wegen körperlicher Leiden oder infolge äußerer Einwirkung nicht äußern oder realisieren kann (§ 179 I Nr. 2 StGB) im Regelfall immer auch von § 177 I Nr. 3 StGB erfasst werden. Denn sowohl bei einem stummen Opfer, das keine Hilfe rufen kann, als auch bei einem gelähmten oder gefesselten Opfer ist der entgegenstehende Wille regelmäßig der Situation immanent.

Darüber hinaus liegt in der „Ausnutzung der Widerstandsunfähigkeit“ im Sinne des § 179 StGB auch immer gleichzeitig die „Ausnutzung einer schutzlosen Lage“ im Sinne des § 177 I Nr. 3 StGB.

Ergibt sich der generelle entgegenstehende Wille hingegen nicht unzweifelhaft aus der Situation, beispielsweise weil zwischen der schlafenden Frau und dem „Täter“ eine intakte Ehe besteht, so liegt keine Nötigung vor und § 177 I Nr. 3 StGB scheidet aus.

[474] a.A. Oberlies, in: Zinsmeister, Sexuelle Gewalt gegen behinderte Menschen und das Recht, S. 171, wonach auch Täuschung, Manipulation und schlichte Nichtbeachtung den Willen beugen, da "auch das fehlende Verständnis für die Sachlage ein nicht gewolltes Verhalten aufzwingen" könne.

In diesen Fällen findet aber § 179 StGB Anwendung, wenn sich die Tat im Einzelfall als Missbrauch durch Ausnutzen darstellt.

cc. Erteiltes Einverständnis eines Widerstandsunfähigen

Ist ein Widerstandsunfähiger zur Bildung eines eigenen Willens fähig und war er mit dem Sexualkontakt einverstanden, so ist zu prüfen, ob er aufgrund seines Defekts grundsätzlich die Fähigkeit hat, freie Entscheidungen zu treffen.

Denn zum Schutz Widerstandsunfähiger wird ihnen die Dispositionsfreiheit über ihr sexuelles Selbstbestimmungsrecht abgesprochen, wenn ihnen das Verständnis für die Sachlage fehlt. In diesen Fällen macht sich der Täter gemäß § 179 StGB strafbar.

Entscheidet sich der Widerstandsunfähige hingegen bewusst, mit vollem Verständnis für die Sachlage für den Sexualkontakt, so ist der „Täter" straflos. Denn wenn der Widerstandsunfähige zur Ausübung selbstbestimmter Sexualität fähig ist, muss er nicht durch die Allgemeinheit geschützt werden.[475]

Da einer lediglich körperlich widerstandsunfähigen Person im Sinne des § 179 I Nr. 2 StGB ebenso wie einer widerstandsfähigen Person das Verständnis für die Sachlage nicht abgesprochen werden kann, ist der Sexualkontakt stets straflos, wenn sie ihr Einverständnis erteilt hat.

Die Vorschrift des § 179 I Nr. 2 StGB erfasst somit nur noch die Fälle, in denen zwar ein entgegenstehender Wille der körperlich widerstandsunfähigen Person vorliegt, der aber nicht geäußert wurde und auch sonst nicht aufgrund klarer Indikatoren erkennbar war.

c. Vorteile der vorgeschlagenen Abgrenzungsmethode

Die Vorschriften der § 179 StGB und § 177 StGB lassen sich mit der vorgeschlagenen Auslegung in ein stimmiges System bringen, mit dem insbesondere die gesetzgeberischen Ziele der Verbesserung des Strafrechtsschutzes und der Antidiskriminierung behinderter Menschen erreicht werden können.

[475] Da dies einen tiefen Einschnitt in die Rechte des psychisch Widerstandsunfähigen bedeutet, genügen Gründe wie die Angst Dritter vor Schwangerschaft des Widerstandsunfähigen nicht, um diesem das Recht auf eine eigene Sexualität abzusprechen.

aa. Schuldangemessene Bestrafung des Täters

Durch das Abstellen auf einen im Zeitpunkt der Tat erkennbaren generellen entgegenstehenden Willen können auch sexuelle Handlungen an Kindern, geistig behinderten Menschen, Schlafenden und Bewusstlosen unter § 177 I Nr. 3 StGB subsumiert werden.

Dies ist angemessen, da die Schwere der Schuld bei sexuellen Handlungen an diesem Personenkreis nicht geringer ist als bei wehrfähigen Opfern.
Denn wenn man allein die häufig eintretenden Folgen sexueller Handlungen an einem Kind betrachtet, die sich meist mit Symptomen wie Magersucht, Bulimie, Gebärmutterkrebs, Unfruchtbarkeit, Albträumen, Kontakt- und Beziehungsschwierigkeiten usw. durch das ganze spätere Leben des Opfers ziehen, so ist die Argumentation, diese Tat sei weniger schlimm, weil kein entgegenstehender Wille gebrochen wurde, nicht nachvollziehbar.

Zwar wurden durch das Gesetz zur Änderung der Vorschriften über die Straftaten gegen die sexuelle Selbstbestimmung und zur Änderung anderer Vorschriften die Strafrahmen der §§ 176, 176 a und 179 StGB angehoben und teilweise an die des § 177 StGB angeglichen. Der Grundtatbestand der §§ 176, 179 StGB ist jedoch im Gegensatz zu dem des § 177 I StGB noch immer als Vergehen ausgestaltet, so dass es durchaus im Hinblick auf das Strafmaß einen Unterschied macht, nach welcher der Vorschriften der Täter bestraft wird.

In den Fällen, in denen das Opfer grundsätzlich einen freien Willen bilden kann, einen generellen entgegenstehenden Willen gebildet hat, und dies erkennbar war, liegt eine der Gewaltanwendung vergleichbare kriminelle Energie des Täters vor und auch die Auswirkungen der Tat auf das Opfer sind vergleichbar. Infolge dessen ist die Anwendung des § 177 StGB gerechtfertigt.

Ist das Opfer hingegen nicht zu einer Willensbildung fähig, oder hat es ein unwirksames Einverständnis zum Sexualkontakt erteilt, sind sowohl die kriminelle Energie des Täters als auch die Tatfolgen für das Opfer geringer, so dass der niedrigere Strafrahmen der §§ 176, 179 StGB angemessen ist.

bb. Beendigung der Diskriminierung behinderter Menschen

Gemäß Art. 3 III 2 GG darf niemand wegen seiner Behinderung benachteiligt werden. Die Bestrafung des Täters nach § 177 I Nr. 3 StGB nur in den Fällen, in denen das Opfer einen konkreten, aktuellen entgegenstehenden Willen gezeigt hat, diskriminiert behinderte Menschen, die nicht in der Lage sind, ihren Willen zu artikulieren. Denn sexuelle Übergriffe auf sie werden nach § 179 StGB und damit zum Teil geringer bestraft.

Fordert man hingegen nur, dass der generelle entgegenstehende Wille der Situation immanent ist, so wird diese Benachteiligung aufgehoben.

IV. Verhältnis zwischen § 177 StGB und § 179 StGB

Ausweislich der Gesetzesmaterialien zu den 1997 und 1998 durchgeführten Reformen war § 179 StGB als Auffangtatbestand zu § 177 StGB vorgesehen, der nur dann eingreift, wenn ein entgegenstehender Wille des Opfers nicht bestand bzw. nicht nachweisbar war.

Noch am 01.07.2003 führte der Rechtsausschuss[476] zum Verhältnis der beiden Vorschriften aus, dass bei Übergriffen gegen geistig und körperlich behinderte Menschen zunächst das Vorliegen der Voraussetzungen des § 177 StGB zu prüfen sei, da auch diese Menschen durchaus in der Lage sind, einen der Tat entgegenstehenden Willen zu bilden, zu äußern und durchzusetzen.

Erst wenn die Voraussetzungen des § 177 StGB nicht vorliegen, sei der Auffangtatbestand des § 179 StGB zu prüfen. Infolge dessen wäre also § 179 StGB subsidiär zu § 177 StGB.

Da der Strafrahmen des § 179 StGB durch die Reform 2004 an den Strafrahmen des § 177 StGB angeglichen wurde, ist nun zweifelhaft, ob die Vorschrift noch immer als Auffangtatbestand bezeichnet werden kann, zumal durch den Gesetzgeber ersichtlich bezweckt war, Widerstandsunfähige umfassend gegen Zwang und Manipulation zu schützen.

Aus diesem Grund ist jedenfalls die bis zu den Reformen 1997 und 1998 geltende Exklusivität zwischen den Vorschriften nun abzulehnen.[477]

Vielmehr wurde durch Angleichung der Strafrahmen im Zuge der Gesetzesänderung 2004 deutlich, dass § 179 StGB ein eigenständiges, der "Sexuellen Nötigung/Vergewaltigung" gleichwertiges Unrecht darstellt[478], zumal der schwere sexuelle Missbrauch gemäß § 179 V StGB nun sogar denselben Mindeststrafrahmen hat, wie die besonders schweren Fälle der sexuellen Nötigung gemäß § 177 II StGB.

Dies hat zur Konsequenz, dass § 179 StGB auch nicht mehr lediglich die Funktion eines Auffangtatbestandes erfüllen kann, sondern in Idealkonkurrenz zu § 177 StGB steht.

[476] vgl. BT-Drucks. 15/1311, S. 24.

[477] so auch NK-StGB-Frommel, 2005, § 177 StGB, Rdnr. 20 ff, § 179 StGB, Rdnr. 9; a.A. Münch-KommStGB-Renzikowski, § 179 StGB, Rdnr. 17, der § 179 StGB nur bei absolut widerstandsunfähigen Opfern anwenden will. Allerdings vertritt auch er in Rdnr. 66 die Auffassung, dass beide Vorschriften nebeneinander anwendbar seien, wenn der Täter den Zustand der Widerstandsunfähigkeit ohne die Zustimmung des Opfers herbeigeführt hat. Seiner Ansicht nach trete § 179 StGB dann als subsidiär hinter § 177 StGB zurück.

[478] NK-StGB-Frommel, 2005, § 177 StGB, Rdnr. 1 c, § 179 StGB, Rdnr. 3.

In den Fällen, in welchen der Täter die Widerstandsunfähigkeit des Opfers zur Vornahme sexueller Handlungen gegen dessen Willen ausnutzt, obwohl der entgegenstehende Wille erkennbar war, liegt nun also § 177 I Nr. 3 StGB in Tateinheit mit § 179 StGB vor.[479]
Dies wird auch dem erhöhten Unrechts- und Schuldgehalt der Tat gerecht, da der Täter nicht nur den Willen des Opfers gebeugt hat, sondern sich darüber hinaus auch noch eine widerstandsunfähige Person ausgesucht und deren konstitutionelle Schutzlosigkeit ausgenutzt hat.

Konnte der Täter hingegen den entgegenstehenden Willen des Opfers nicht erkennen, weil er aufgrund konkreter Anhaltspunkte von einem Einverständnis des Opfers ausging, so ist er nur nach § 179 StGB strafbar.

2. Kapitel: Abgrenzung zwischen § 176 StGB und § 177 I Nr. 3 StGB

I. Problemaufriss

Bei Kindern ist aufgrund ihres Alters und der damit im Regelfall verbundenen Unfähigkeit, Widerstand gegen sexuelle Übergriffe zu leisten regelmäßig davon auszugehen, dass der Täter neben dem sexuellen Missbrauch zugleich auch eine Lage ausnutzt, „in der das Opfer der Einwirkung des Täters schutzlos ausgeliefert ist".

Vor Inkrafttreten des Gesetzes zur Änderung der Vorschriften über die Straftaten gegen die sexuelle Selbstbestimmung und zur Änderung anderer Vorschriften war dieses Konkurrenzverhältnis im Hinblick auf die unterschiedliche Strafandrohung problematisch.
So sah beispielsweise § 177 II StGB in Fällen, in denen es zwischen Täter und Opfer zum Beischlaf oder beischlafsähnlichen Handlungen gekommen ist, eine Mindeststrafe von 2 Jahren vor, gegenüber einer Mindeststrafe von 1 Jahr in § 176 a I StGB a.F. Noch deutlicher waren die Strafrahmenunterschiede, wenn der Täter das Kind durch die Tat in die Gefahr einer schweren Gesundheitsschädigung brachte. Dies wurde in § 176 a I Nr. 3 StGB a.F. nur mit einer Mindeststrafe von einem Jahr geahndet, in § 177 III Nr. 3 StGB hingegen mit einer Mindeststrafe von 3 Jahren.

Infolge der Änderung der §§ 176, 176 a StGB durch das Gesetz zur Änderung der Vorschriften über die Straftaten gegen die sexuelle Selbstbestimmung und zur Änderung anderer Vorschriften wurde dieses Problem durch eine weitgehende Strafrahmenangleichung zwar relativiert. Da aber insbesondere der Grundtatbestand des §

[479] so auch NK-StGB-Frommel, 2005, § 177 StGB, Rdnr. 17 a, 76.

176 StGB im Unterschied zu dem des § 177 I StGB weiterhin als Vergehen ausgestaltet ist und auch ansonsten noch teilweise mildere Strafrahmen für den sexuellen Missbrauch von Kindern existieren, ist dennoch eine klare Abgrenzung der Vorschriften erforderlich.

II. Abgrenzung

Fischer kritisiert, dass seit Einführung des § 177 I Nr. 3 StGB die meisten der bislang von § 176 StGB erfassten Fälle nun auch nach § 177 I Nr.3 StGB zu bestrafen sind, was im Widerspruch zu dem in § 176 III StGB n.F. gefundenen Kompromiss stehe.[480]

Dem ist zu entgegnen, dass der Täter bei Vornahme sexueller Handlungen an Kindern zwar in der Regel eine schutzlose Lage ausnutzt. Darüber hinaus setzt § 177 StGB aber auch das Vorliegen einer „Nötigung“ voraus.

Nur wenn das Kind einen entgegenstehenden Willen hat, für dessen Vorliegen im Zeitpunkt der Tat auch klare Indikatoren vorhanden sind, greift § 177 StGB ein.

War das Kind hingegen mit der sexuellen Handlung einverstanden, oder war jedenfalls der entgegenstehende Wille nicht nach außen erkennbar, so ist die Tat nur nach §§ 176, 176 a StGB zu bestrafen.

Anders als bei § 179 StGB ist der Täter bei §§ 176, 176 a StGB trotz Vorliegen eines Einverständnisses wegen sexuellen Missbrauchs von Kindern strafbar. Denn bei Kindern unter 14 Jahren geht das Gesetz aufgrund der noch nicht abgeschlossenen körperlichen und geistigen Reife und der Tatsache, dass die Handlungen in einer für das Kind nicht entrinnbaren Macht- und Abhängigkeitsposition erfolgen unwiderlegbar davon aus, dass sie zur sexuellen Selbstbestimmung nicht fähig sind.

III. Verhältnis zwischen § 176 StGB und § 177 I StGB

Mit der Angleichung des Strafrahmens von § 176 a II StGB an § 177 II StGB durch das Gesetz zur Änderung der Vorschriften über die Straftaten gegen die sexuelle Selbstbestimmung und zur Änderung anderer Vorschriften war keine systematische Änderung verbunden. Infolge dessen stehen die Vorschriften des § 177 I, II StGB weiterhin mit §§ 176, 176 a StGB in Idealkonkurrenz, wenn die Tatbestände gleichzeitig verwirklicht sind.[481]

[480] T/F-Fischer, 52. Aufl., § 176 StGB, Rdnr. 3 a.

[481] BT-Drucks. 15/1311, S. 24; BGH NJW 2000, 672 (Urt. v. 18.11.1999 - 4 StR 389/99).

Handelt der Täter also gegen den Willen des Kindes und sind auch die sonstigen Voraussetzung des § 177 I StGB erfüllt, so ist neben § 176 StGB auch § 177 I StGB einschlägig und es besteht Tateinheit.
Denn die Vorschriften haben einen unterschiedlichen Unrechtsgehalt, da die § 176, 176 a StGB Kinder wegen ihrer besonderen Schutzbedürftigkeit[482] generell vor sexuellen Handlungen schützen, wohingegen § 177 StGB mit Blick auf das sexuelle Selbstbestimmungsrecht Opfer jeglichen Alters vor sexuellen Handlungen gegen ihren Willen schützt.[483]
Dabei wird auch Kindern prinzipiell die Fähigkeit zur Selbstbestimmung zugebilligt. Zu ihrem eigenen Schutz wird ihnen lediglich das Recht abgesprochen, wirksam in sexuelle Kontakte einzuwilligen.[484]

Die Vorschriften der §§ 176, 176 a StGB stehen also selbständig neben § 177 StGB und sind weder Auffangtatbestände[485], noch stehen sie in einem Verhältnis der Exklusivität.

3. Kapitel: Verhältnis zwischen dem Regelbeispiel des § 177 II 2 Nr. 1 StGB und den Qualifikationen in §§ 176 a II Nr. 1, 179 V Nr. 1 StGB

Während die Penetration bei §§ 176 a II Nr. 1, 179 V Nr. 1 StGB als innertatbestandliche Qualifikation eingeführt wurde, stellt sie sich bei § 177 II 2 Nr. 1 StGB lediglich als besonders schwere Form der sexuellen Nötigung dar.

Auch der Wortlaut der Vorschriften ist unterschiedlich gefasst.
So verlangen die qualifizierenden Tatbestände der §§ 176 a II Nr. 1, 179 V Nr. 1 StGB die Vornahme sexueller Handlungen, die mit einem Eindringen in den Körper verbunden sind, wohingegen die Strafzumessungsregel des § 177 II 2 Nr. 1 StGB darauf abstellt, ob das Opfer durch die sexuellen Handlungen besonders erniedrigt wurde, was insbesondere dann angenommen wird, wenn sie mit einem Eindringen in den Körper verbunden sind.

482 vgl. NK-StGB-Frommel, 2005, § 176 StGB, Rdnr. 25.
483 BT-Drucks. 15/1311, S. 24.
484 NK-StGB-Frommel, 2005, § 176 StGB, Rdnr. 8.
485 so auch NK-StGB-Frommel, 2005, § 176 StGB, Rdnr. 8; T/F-Fischer, § 176 StGB, Rdnr. 3 a.

I. Strafrahmen der Vorschriften

Bisher bestand das von vielen Seiten kritisierte Problem der unterschiedlichen Strafrahmen in § 177 II StGB und §§ 176 a I, 179 IV StGB a.F.

Während in § 177 II StGB insbesondere für sexuelle Handlungen, die mit einem Eindringen oder einer ähnlichen besonderen Erniedrigung verbunden sind, eine Mindeststrafe von zwei Jahren vorgesehen war, wurden sexuelle Handlungen an Kindern oder Widerstandsunfähigen, die mit einem Eindringen verbunden waren lediglich mit einer Mindeststrafe von einem Jahr geahndet.

Der Strafrahmen der §§ 176 a II, 179 V StGB n.F. wurde aufgrund der massiven Kritik durch das Gesetz zur Änderung der Vorschriften über die Straftaten gegen die sexuelle Selbstbestimmung mit Wirkung seit 01.04.2004 an § 177 II StGB angeglichen, so dass sich dieses Problem nun erledigt hat.

II. Divergierende Formulierungen

1. Problemaufriss

Schwierigkeiten bereiten aber nach wie vor die unterschiedlichen Formulierungen in §§ 176 a II Nr. 1, 179 V Nr. 1 StGB auf der einen Seite und in § 177 II StGB auf der anderen Seite zur Konkretisierung der beischlafsähnlichen sexuellen Handlungen.

Die Konsequenzen werden in einer neueren Entscheidung des BGH vom 18.11.1999[486] besonders deutlich.
Der BGH vertrat in diesem Fall die Ansicht, dass ein mit Nötigungsmitteln durchgeführter schwerer sexueller Missbrauch nach § 176 a II Nr. 1 StGB nicht notwendig zugleich auch eine Vergewaltigung im Sinne des § 177 II Nr. 1 StGB darstellt.[487]
Dies folge daraus, dass die qualifizierenden Tatbestände der §§ 176 a II Nr. 1, 179 V Nr. 1 StGB lediglich voraussetzen, dass die sexuelle Handlung mit einem Eindringen in den Körper verbunden ist, wohingegen die Strafzumessungsregel in § 177 II

[486] BGH NJW 2000, 672 (Urt. v. 18.11.1999 – 4 StR 389/99).

[487] BGH NJW 2000,672 (Urt. v. 18.11.1999 - 4 StR 389/99), der bei einem nur wenige Sekunden dauernden Hineindrücken des Fingers in die mit einem Badeanzug bedeckte Scheide eines Mädchens gegen dessen heftigen Widerstand das Eindringen im Sinne des § 176 a I Nr. 1 StGB a.F. bejahte, eine Erniedrigung im Sinne des § 177 II StGB aber verneinte, da die Handlung hierfür nicht lange genug gedauert habe.

StGB ein Eindringen in den Körper nur als Beispiel für eine besondere Erniedrigung des Opfers nennt.

Da in § 177 II Nr. 1 StGB somit ein „Eindringen" nicht zwingend erforderlich ist, ist die Vorschrift wesentlich flexibler ausgestaltet, als die §§ 176 a II Nr. 1 und § 179 IV Nr. 1 StGB und umfasst auch andere, das Opfer besonders erniedrigende sexuelle Handlungen.[488]

2. Konsequenzen der unterschiedlichen Formulierung

Zwar sind trotz der unterschiedlichen Formulierung von beiden Vorschriften neben dem Beischlaf auch die anale und orale Penetration, das Eindringen mit anderen Körpergliedern wie z.B. dem Finger, sowie mit Gegenständen in Anus und Scheide erfasst.

Zungenküsse scheiden hingegen mangels „besonderer Erniedrigung" stets aus dem Anwendungsbereich des § 177 II Nr. 1 StGB aus.

Im Gegensatz dazu können sie in Einzelfällen von den §§ 176 a II Nr. 1, 179 V Nr. 1 StGB erfasst werden, wenn sie die Erheblichkeitsschwelle des § 184 f Nr. 1 StGB überschreiten.

Diese Ungleichbehandlung, insbesondere erzwungene Zungenküsse im Rahmen der Vorschriften über den Kindesmissbrauch anders zu beurteilen als bei der auch Erwachsene erfassenden Vorschrift des § 177 StGB ist gerechtfertigt.[489] Denn die §§ 176, 176 a StGB schützen die ungestörte sexuelle Entwicklung des Kindes, so dass die Erheblichkeitsschwelle hier niedriger anzusetzen ist. [490]

Auf der anderen Seite werden sexuelle Handlungen, die nicht mit einem Eindringen verbunden sind, aber das Opfer zum bloßen Objekt sexueller Willkür herabwürdigen, wie z.B. Fäkalerotik, nur von § 177 II Nr. 1 StGB, nicht aber von § 176 a II Nr. 1 StGB und § 179 V Nr. 1 StGB erfasst.

Kritiker empfinden dies als diskriminierend und behaupten, dass mit dieser Regelung zum Ausdruck komme, dass Kinder und behinderte Personen nicht „besonders erniedrigt werden können.[491]

[488] Nach BGH NJW 2000, 672 bedarf es zur Erfüllung des Merkmals "besondere Erniedrigung" grundsätzlich jeweils der positiven Feststellung der Umstände des Einzelfalles, die in wertender Betrachtung die Annahme der "besonderen Erniedrigung" des Tatopfers stützen. Lediglich in Fällen des Oral- und Analverkehrs komme diesem Merkmal keine eigenständige Bedeutung zu, weil sich der erniedrigende Charakter der sexuellen Handlung im Regelfall von selbst versteht.

[489] BGH StrafV 1983, 415, 416 (Beschl. v. 06.07.1983 - 2 StR 350/83).

[490] BGH (Beschl. v. 06.07.1983 – 2 StR 350/83); vgl. hierzu auch Michel NStZ 1999, 357, 358 (Anm. zu OLG Zweibrücken, Beschl. v. 18.04.1995).

[491] so u.a. Schroeder, JZ 1999, 830; Renzikowski, NStZ 2000, 368.

3. Mögliche Auslegungsmethoden

Zur Vermeidung dieses vermeindlichen Wertungswiderspruchs wurden folgende Auslegungsmöglichkeiten vorgeschlagen:

Renzikowski[492] empfiehlt, die Handlungsalternative des „Eindringens" in den Vorschriften der §§ 177 II Nr. 1, 176 a II Nr. 1, 179 V Nr. 1 StGB gleich und zwar restriktiv auszulegen.
Ein Eindringen läge danach nur bei Vaginal-, Oral- und Analverkehr vor. Das Merkmal der „Erniedrigung" in § 177 II StGB wäre ein Indiz für unbenannte schwere Fälle, hätte also die Funktion einer Erweiterung des Regelfalles.[493]

Diese einschränkende Auslegung ist jedoch abzulehnen, weil nach der Entstehungsgeschichte und dem Schutzzweck der Vorschrift gerade auch Fälle des Eindringens mit Gegenständen oder anderen Körpergliedern erfasst werden sollen.

Außerdem ist eine solche Einschränkung auch nicht notwendig, da bei sexuellen Handlungen gegen den Willen des Opfers, die mit einem Eindringen in den Körper verbunden sind, auch bei Widerstandsunfähigen und Kindern geprüft wird, ob die Voraussetzungen des § 177 II StGB vorliegen.
Die §§ 176, 176 a, 179 StGB bieten lediglich darüber hinaus noch einen zusätzlichen Schutz für Kinder und Widerstandsunfähige.

Demgegenüber schlägt Frommel[494] vor, das Merkmal „Eindringen" wegen der möglichen Überschneidungen in allen drei Tatbeständen gleich und darüber hinaus auch weit auszulegen.
Erfasst werden soll jede sexuelle Handlung, die die Körpergrenze durchdringt, also auch die Erheblichkeitsschwelle des § 184 f StGB überschreitende Zungenküsse.
In einem zweiten Schritt könne bei § 177 II StGB anhand des Merkmals „besondere Erniedrigung" und bei den §§ 176 a II Nr. 1, 179 V Nr. 1 StGB über den „minder schweren Fall" eine korrigierende Bewertung erfolgen.

4. Keine Diskriminierung von Kindern und Widerstandsunfähigen

Zwar kommen bei § 177 II StGB im Gegensatz zu den Vorschriften der §§ 176 a, 179 StGB als „ähnliche sexuelle Handlungen" auch Sexualkontakte in Betracht, die das Opfer besonders erniedrigen, wie z.B. die sogenannte „Fäkalerotik", sodass das

[492] Renzikowski, NStZ 2000, 367.
[493] abgelehnt in BGH NJW 2000, 672 (Urt. v. 18.11.1999 – 4 StR 389/99).
[494] NK-StGB-Frommel, 2005, § 176 a StGB, Rdnr. 4; § 177 StGB, Rdnr. 23 ff.

Gesetz auf den ersten Blick durchaus den Eindruck erweckt, Kinder oder widerstandsunfähige Opfer könnten nicht besonders erniedrigt werden.
Tatsächlich werden aber Kinder und widerstandsunfähige Personen durch diese unterschiedliche Formulierung nicht diskriminiert.
Denn bei Vorliegen eines zumindest generellen entgegenstehenden Willens des Opfers, der der Situation immanent ist, greift immer § 177 StGB ein, sodass auch sie dem Schutz dieser Vorschrift unterfallen.
Kann das Opfer hingegen keinen entgegenstehenden Willen bilden, so kann es auch keine besondere Erniedrigung empfinden.

Auch im Falle eines erteilten Einverständnisses kann keine besondere Erniedrigung des Opfers vorliegen, da es dann gerade nicht in besonderer Weise zum bloßen Objekt sexueller Willkür des Täters herabgewürdigt wurde.

Dennoch stellt sich die Frage, ob die Durchführung solcher Handlungen wie "Fäkalerotik" bei Kindern oder Widerstandsunfähigen trotz deren Einverständnis nicht genauso verwerflich ist, wie bei den § 177 StGB unterfallenden Fällen.
Denn dieser Personenkreis ist aufgrund seiner Unreife bzw. seines Defektes erhöht schutzbedürftig und es erscheint besonders verwerflich, wenn ein Täter diese besondere Schutzlosigkeit des Opfers ausnutzt, um es zum Objekt sexueller Willkür herabzuwürdigen.
Mit Einführung des unbenannten besonders schweren Falles mit einer Mindeststrafe von einem Jahr in §§ 176 III, 179 III StGB durch das Gesetz zur Änderung der Vorschriften über die Straftaten gegen die sexuelle Selbstbestimmung und zur Änderung anderer Vorschriften können diese Fälle nun aber zumindest als Verbrechen geahndet werden. Diese geringere Mindeststrafe erscheint auch mit Blick auf die Auswirkungen der Tat für das Opfer angemessen.

4. Kapitel: Abgrenzung des § 177 I Nr. 3 StGB zu Vorschriften außerhalb des 13. Abschnitts des StGB

I. Abgrenzung zu § 240 IV 2 Nr. 1 StGB

In § 240 IV 2 Nr. 1 StGB ist die Nötigung einer anderen Person zu einer sexuellen Handlung als besonders schwerer Fall der Nötigung mit einer Strafandrohung von sechs Monaten bis zu fünf Jahren geregelt.

Die Vorschrift wurde noch während des Gesetzgebungsverfahrens zum 33. Strafrechtsänderungsgesetz durch das 6. Strafrechtsreformgesetz eingefügt, um Strafbarkeitslücken zu schließen.

Das Regelbeispiel des § 240 IV 2 Nr. 1 StGB umfasst ausnahmslos alle Fälle der Nötigung einer anderen Person zu sexuellen Handlungen.[495]
Denn gegen eine Beschränkung des Regelbeispiels nur noch auf solche sexuellen Handlungen, die das Opfer an sich selbst vornimmt spricht bereits der Wortlaut der Vorschrift, der eine solche einschränkende Auslegung gerade nicht vorsieht.
Auch die systematische Stellung im Gesetz als Regelbeispiel des weiten Grundtatbestands „Nötigung" gebietet eine solche Einschränkung nicht.

Demgegenüber genügt bei § 240 IV 2 Nr. 1 StGB das bloße Ausnutzen einer aufgrund äußerer Umstände oder eines inneren Zustandes des Opfers bestehenden schutzlosen Lage nicht.[496]
Anders als bei § 177 I Nr. 3 StGB muss es sich bei § 240 IV 2 Nr. 2 StGB um eine zweiaktige Nötigung handeln, bei der der Nötigungserfolg nicht mit der Nötigungshandlung zusammenfallen darf.

Da § 177 I StGB eine vergleichsweise höhere Mindeststrafe vorsieht, hat § 240 IV 2 Nr. 1 StGB nur in den folgenden Fällen eine eigenständige Bedeutung:[497]

1. Nur unter § 240 IV 2 Nr. 1 StGB fallen die Fälle, in denen der Täter die sexuellen Handlungen durch Drohung mit einem empfindlichen Übel unterhalb der Schwelle von § 177 I Nr. 2 StGB erreicht und das Opfer lediglich Nachteile nichtkörperlicher Art befürchtet. Dies ist namentlich dann der Fall, wenn der Täter nicht mit einer Gefahr für Leib oder Leben des Opfers droht, wie z.B. bei einer Drohung mit Verlust des Arbeitsplatzes oder einer Anzeige.

2. Droht der Täter mit einem empfindlichen Übel unterhalb der Schwelle des § 177 I Nr. 2 StGB und befürchtet das Opfer aufgrund dessen Nachteile körperlicher Art, so ist dennoch nur § 240 IV 2 Nr. 1 StGB einschlägig, wenn der Täter dabei keine schutzlose Lage des Opfers ausnützt.

[495] so im Ergebnis auch Gössel in: Hirsch-Festschrift, S. 194; allerdings mit der Begründung, dass Regelbeispiele gerade keine Tatbestände bilden und ein Regelbeispiel infolge dessen den Tatbestand des § 177 I StGB ebenso wenig verdrängen kann, wie umgekehrt der Tatbestand das Regelbeispiel; insofern aber a.A. BGHSt 33, 370, 374 (Beschl. v. 18.11.1985 – 3 StR 291/85); BGHSt 26, 167, 173 (Beschl. v. 10.07.1975 – GSSt 1/75), wonach sich die Regelbeispiele für besonders schwere Fälle im Wesen nicht tiefgreifend von selbständigen Qualifikationstatbeständen unterscheiden und die Wahl des Gesetzgebers für die eine oder andere Ausgestaltung einer Vorschrift mehr eine Frage der formalen Gesetzestechnik sei.
[496] so auch NK-StGB-Frommel, 2005, § 177 StGB, Rdnr. 13 ff, 28 ff, 35 ff, 39.
[497] vgl. hierzu auch MünchKommStGB-Gropp/Sinn, § 240 StGB, Rdnr. 168; T/F-Fischer, § 240 StGB, Rdnr. 59.

3. Schließlich werden von § 240 IV 2 Nr. 1 StGB Fälle erfasst, in denen zwischen Täter und Opfer kein körperlicher Kontakt zustande kommt, oder das Opfer lediglich genötigt wird, sexuelle Handlungen an sich selbst vorzunehmen. Denn in diesen Fällen ist der Anwendungsbereich des § 177 StGB nicht eröffnet.

In den übrigen Fällen tritt § 240 StGB als subsidiär hinter § 177 StGB zurück, vorausgesetzt die Nötigung dient lediglich der Erzwingung der sexuellen Handlung.

Wenn hingegen vom Täter mit der Nötigung ein über die sexuelle Handlung hinausgehendes Ziel verfolgt wird, liegt Tateinheit vor.[498]

Ist das Opfer darüber hinaus widerstandsunfähig im Sinne des § 179 StGB und nützt der Täter diese Widerstandsunfähigkeit des Opfers aus, so liegt Tateinheit des § 179 StGB mit § 240 IV 2 Nr. 1 StGB vor.

II. Abgrenzung zu § 185 StGB

Die Strafnorm der Beleidigung gewährt Schutz vor Angriffen auf die Ehre. Ein solcher Angriff liegt dann vor, wenn der Täter einem anderen zu Unrecht Mängel nachsagt, die wenn sie vorlägen den Geltungswert des Betroffenen mindern würden. Dies ist dann der Fall, wenn der Täter Missachtung, Geringschätzung oder Nichtachtung kundgibt.

Allerdings ist die Ehre nur ein Aspekt der Personenwürde und darf nicht mit dieser gleichgesetzt werden, da das Rechtsgut andernfalls seine Konturen verlöre.

Daher kann bei sexuellen Handlungen nicht allein die Verletzung des Schamgefühls als Beleidigung gewertet werden, sondern lediglich eine in der sexuellen Handlung liegende Kundgabe der Missachtung. § 185 StGB ist daher auch kein Auffangtatbestand.[499]

Ein Angriff auf die sexuelle Selbstbestimmung ist daher nur in den Fällen als Beleidigung zu werten, in denen der Täter nach den gesamten Umständen zugleich eine herabsetzende Bewertung des Opfers zum Ausdruck gebracht hat.[500] Es muss also der Demütigungscharakter im Vordergrund stehen, was insbesondere dann der Fall ist , wenn der Täter nicht aus „geschlechtlichem Interesse am Opfer“ handelt, son-

[498] so auch MünchKommStGB-Renzikowski, § 177 StGB, Rdnr. 97.
[499] T/F-Fischer, § 185 StGB, Rdnr. 10.
[500] BGHSt 36, 145, 148 ff (Urt. v. 15.03.1989 – 2 StR 662/88).

dem durch begleitende Äußerungen oder durch sein Verhalten zum Ausdruck bringt, sein Opfer sei mit einem Makel behaftet, welcher dessen Geltungswert mindert.[501] Wegen der Verschiedenartigkeit der betroffenen Rechtsgüter besteht in diesen Fällen zwischen § 177 StGB und § 185 StGB Idealkonkurrenz.[502]

Abschließende Betrachtung

Mit den Reformen 1997, 1998 und 2004 wurde das Sexualstrafrecht umfassend erneuert und durch die deutliche Anhebung der Strafrahmen, sowie die Einfügung von Regelbeispielen und Qualifikationen an den Strafrechtsschutz der Vermögens- und Eigentumsdelikte angepasst.

Insbesondere durch die Einführung der Ausnutzungsvariante in § 177 I Nr. 3 StGB konnte eine erhebliche Verbesserung des Opferschutzes erzielt werden. Denn nun kann auch ein Sexualkontakt unter § 177 StGB gefasst werden, gegen den das Opfer keinen körperlichen Widerstand geleistet hat, und zudem der Täter das Opfer auch nicht durch Drohung mit Leibes- oder Lebensgefahr genötigt hat. Dies wird der typischen Vergewaltigungssituation, bei welcher sich das Opfer aus Angst vor einer Gewaltanwendung des Täters nicht wehrt oder wehren kann, gerecht.

Zwar werden insbesondere viele Fälle, die vor Einführung der „Ausnutzungsvariante“ der Vorschrift des § 179 StGB unterfielen aufgrund der von der Rechtsprechung[503] gewählten und vom Bundesverfassungsgericht[504] mittlerweile als verfassungsgemäß bestätigten Auslegung der Vorschrift des § 177 I Nr. 3 StGB dahin, dass sich die Nötigung in der Vornahme der sexuellen Handlung gegen den Willen des Opfers erschöpft, wenn sich dieses in einer schutzlosen Lage befindet und der Täter dies zur Tat ausnutzt, auch von § 177 StGB erfasst.

Entgegen der zunächst ausgesprochenen Befürchtungen, sind durch die Neuregelung die Grenzen zwischen "Sexueller Nötigung/ Vergewaltigung" und "Sexuellem Missbrauch" nicht verwischt. Die Vorschriften lassen sich vielmehr mit Ausnahme einiger kleinerer Unstimmigkeiten in ein stimmiges System bringen.

[501] OLG Karlsruhe, NJW 2003, 1263, 1264 (Urt. v. 06.06.2002 – 1 Ss 13/02).
[502] MünchKommStGB-Regge, § 185 StGB, Rdnr. 11, 45; MünchKommStGB-Renzikowski, § 179 StGB, Rdnr. 69.
[503] BGH NStZ 2004, 440, 441 (Urt. v. 28.01.2004 – 2 StR 351/03).
[504] BVerfG NJW 2004, 3768 ff (Beschl. v. 01.07.2004 – 2 BvR 568/04).

So werden nach der Rechtsprechung von § 177 StGB alle Fälle erfasst, in denen der Täter unter Ausnutzung einer schutzlosen Lage gegen den aktuellen Willen des Opfers sexuelle Handlungen an diesem vornimmt.
Demgegenüber unterfallen der Vorschrift des § 179 StGB nach der Rechtsprechung die Fälle, in denen das Opfer in der konkreten Situation keinen aktuellen entgegenstehenden Willen gebildet hat, weil es beispielsweise geschlafen hat oder bewusstlos war, oder aber generell nicht zur Bildung eines entgegenstehenden Willens in der Lage ist.

Lässt man darüber hinaus einen sogenannten generellen entgegenstehenden Willen ausreichen, wenn im Einzelfall klare Indikatoren für einen entgegenstehenden Willen vorliegen, dann könnten von § 177 I Nr. 3 StGB auch Sexualkontakte mit Schlafenden, Bewusstlosen, körperlich widerstandsunfähigen Menschen, sowie Kindern und psychisch widerstandsunfähigen Menschen, die zur Bildung eines entgegenstehenden Willens generell in der Lage sind, erfasst werden.

Dies hat gegenüber der von der Rechtsprechung gewählten Lösung den Vorteil, dass zum einen das Ziel des Gesetzgebers, einen verbesserten Strafrechtsschutz für geistig und körperlich behinderte Menschen zu schaffen, erreicht würde, zum anderen auch unbillige Strafrahmenunterschiede für eine vergleichbare Unrechtsschwere und vergleichbare Auswirkungen der Tat auf das Opfer vermieden werden könnten.

Für § 179 StGB verbleibt in diesem Fall ein alleiniger Anwendungsbereich nur für die Fälle, in denen ein Einverständnis zum Sexualkontakt erteilt wurde, welches aber zum Schutz der widerstandsunfähigen Person als unwirksam erachtet wird, ferner für die Fälle in denen das Opfer überhaupt nicht zu einer Willensbildung in der Lage ist, oder aber einen entgegenstehenden Willen gebildet aber nicht geäußert hat und dieser auch der Situation nicht immanent war.
In den übrigen Fällen steht § 179 StGB in Idealkonkurrenz zu § 177 StGB. Das bedeutet, dass Täter die eine widerstandsunfähige Person sexuell nötigen bzw. vergewaltigen erheblich härter bestraft werden können.

Dementsprechend sind danach auch die Vorschriften der §§ 176, 176 a StGB nur in den Fällen alleine erfüllt, in denen das Kind sein Einverständnis zum Sexualkontakt erteilt hat, ferner wenn es zu keinerlei Willensbildung in der Lage ist oder der entgegenstehende Wille in der Tatsituation nicht erkennbar war. In allen anderen Fällen stehen auch die §§ 176, 176 a StGB in Idealkonkurrenz zu § 177 StGB.

Korrekturbedarf besteht nunmehr lediglich in § 177 II 2 Nr. 1 StGB insofern, als von diesem Regelbeispiel auch die Nötigung zum Beischlaf mit Dritten erfasst werden sollte. Denn die ausweislich des Wortlauts geforderte Eigenhändigkeit ist nicht verständlich, da insbesondere Fälle einer mittelbaren Täterschaft, die auch nicht von § 177 II 2 Nr. 2 StGB erfasst werden, für das Opfer nicht weniger belastend sind.

Darüber hinaus sollte der Strafrahmen der §§ 176 a II Nr. 3, 179 V Nr. 3 StGB dem des § 177 III Nr. 3 StGB angeglichen werden, da nicht nachvollziehbar ist, warum ein Täter der eine nicht zur Willensbildung fähige Person in die Gefahr einer schweren Gesundheitsschädigung bringt, geringer bestraft werden soll.

Abgesehen von diesen Unstimmigkeiten ist zusammenfassend zu sagen, dass die Änderungen in den Vorschriften über die Straftaten gegen die sexuelle Selbstbestimmung durchaus zu der gewünschten Verbesserung des Opferschutzes führten. Dies zeigen deutlich die seit Inkrafttreten der Änderungen ergangenen Entscheidungen der Gerichte.
Eine Stärkung der Opferrechte gerade im Bereich des Sexualstrafrechts ist auch sinnvoll, um der Bagatellisierung sexueller Gewalt entgegenzuwirken. Denn durch die höhere Strafandrohung wird dem Täter der Unrechtsgehalt der Tat deutlich vor Augen geführt. Im Falle einer Verurteilung wird der Täter zur Auseinandersetzung mit seiner Tat und dem darin enthaltenen Unrecht gezwungen, was wiederum die Chance bietet, dass er möglicherweise sogar über das Strafrecht hinausgehende Möglichkeiten wie Mediation, Täter-Opfer-Ausgleich, materielle Schadenswiedergutmachung, Tätertraining und Therapie in Anspruch nimmt.

Literaturverzeichnis

Albrecht Hans-Jörg, Die Determinanten der Sexualstrafrechtsreform, ZStW 111 (1999), 863 - 888

Amelung Knut, Über Freiheit und Freiwilligkeit auf der Opferseite der Strafnorm, GA 1999, 182 - 203

Amelung Knut, Über die Einwilligungsfähigkeit, ZStW 104 (1992), 525 – 558; 821 - 833

Arzt Gunther, Der strafrechtliche Ehrenschutz – Theorie und praktische Bedeutung, JuS 1982, 717 - 728

Baurmann Michael C., Sexualität, Gewalt und psychische Folgen – Eine Längsschnittuntersuchung bei Opfern sexueller Gewalt und sexueller Normverletzungen anhand von angezeigten Sexualkontakten, 2. Auflage, Bundeskriminalamt Wiesbaden 1996

Berufsverband der Ärzte für Kinderheilkunde und Jugendmedizin Deutschlands e. V., Landesverband Bayern, Gewalt gegen Kinder und Jugendliche, Leitfaden für Kinderarztpraxen in Bayern, 1. Auflage München 1998

Bange Dirk, Körner Wilhelm, Handwörterbuch Sexueller Missbrauch, 1. Auflage, Göttingen 2002

Bange Dirk, Definitionen und Begriffe in: Bange/Körner (Hrsg.), Handwörterbuch Sexueller Missbrauch, 1. Auflage, Göttingen 2002, S. 47 - 52

Battis Ulrich, Schultz Ulrike, Frauen im Recht, 1. Auflage, Heidelberg 1990

Bittmann Folker, Merschky Marie-Luise, Erste Erfahrungen mit § 177 StGB 1997 (Sexuelle Nötigung; Vergewaltigung), NJ 1998, 461 – 464

Boetticher Axel, Der neue Umgang mit Sexualstraftätern – eine Zwischenbilanz, MschrKrim 1998, 354 - 367

Braun Maria, Aggression und Gewalt im Sozialisierungsprozess der Familie, in: Reinbold Klaus-Jürgen, Jans Bernhard, Handbuch zur Gewaltprävention. Hand lungsmodelle für die Praxis, 1. Auflage Freiburg im Breisgau, Grafschaft 1997

Brockhaus F.A., Wahrig Gerhard, Deutsches Wörterbuch in sechs Bänden, 1. Band, Stuttgart 1980; 2. Band, Stuttgart 1981; 4. Band Stuttgart 1982

Bundeskriminalamt, Polizeiliche Kriminalstatistik Bundesrepublik Deutschland, Berichtsjahr 2002, Wiesbaden 2003; Berichtsjahr 2003, Wiesbaden 2004

Calliess Rolf-Peter, Die Rechtsnatur der „besonders schweren Fälle“ und Regelbeispiele im Strafrecht, JZ, 1975, 112 - 118

Dallinger Wilhelm, Aus der Rechtsprechung des Bundesgerichtshofs in Strafsachen, MDR 1973, 190 – 194; MDR 1974, 544 – 548; MDR 1975, 194 - 199

Dencker Friedrich, Struensee Eberhard, Nelles Ursula, Stein Ulrich, Einführung in das 6. Strafrechtsreformgesetz 1998, München 1998

Dessecker Axel, Veränderungen im Sexualstrafrecht, NStZ 1998, 1 - 6
Dreher Eduard, Tröndle Herbert, Strafgesetzbuch und Nebengesetze, 47. Auflage, München 1995 (zit. D/T-Tröndle)
Duttge Gunnar, Hörnle Tatjana, Renzikowski Joachim, Das Gesetz zur Änderung der Vorschriften über die Straftaten gegen die sexuelle Selbstbestimmung, NJW 2004, 1065- 1073

Endres Johann, Scholz Berndt, Sexueller Kindesmissbrauch aus psychologischer Sicht, NStZ 1994, 466-473

Fahl Christian, Schlaf als Zustand verminderten Strafrechtsschutzes?, Jura 1998, 456 - 462
Fischer Thomas, Sexuelle Selbstbestimmung in schutzloser Lage, ZStW 112 (2000), 75 - 105
Fischer Thomas, Anmerkung zu BGH, Urt. v. 20.10.1999 – 2 StR 248/99, NStZ 2000, 142 - 143
Folkers Susanne, Schutzlos – widerstandsunfähig – und trotzdem vergewaltigt?, NStZ 2005, 181 - 184
Folkers Susanne, Die Reform der Notzuchttatbestände in den Jahren 1997 und 1998, NJW 2000, 3317 ff
Folkers Susanne, Anmerkung zu BGH, Beschl. v. 17.12.1999 – 3 StR 524/99, NStZ 2000, 471-473
Freund Georg, Der Entwurf eines 6. Gesetzes zur Reform des Strafrechts, ZStW 109 (1997), 455 - 489
Frommel Monika, Vorläufige Stellungnahme zum Gesetzesentwurf der Fraktionen SPD und Bündnis 90/ Die Grünen und CDU/CSU, BT-Drucks. 15/29
Frommel Monika, Die Reform der Sexualdelikte 1997/98 - eine Bilanz, in: Ostendorf Heribert, Köhnken Günter, Schütze Gerd (Hrsg.), Aggression und Gewalt, Frankfurt a. M. 2002
Frommel Monika, Instrumente der gegenwärtigen Antidiskriminierungspolitik – mehr Kontrolle durch Stärkung ziviler Opferrechte, KJ 2001, 323 – 330
Frommel Monika, Zaghafte Versuche einer Reform der sexuellen Gewaltdelikte, KJ 1996, 164 - 179
Frommel Monika, Buchbesprechung zu Rüdiger Lautmann, Die Lust am Kind. Portrait des Pädophilen, Ingrid Klein Verlag, Hamburg 1994, KJ 1996, 555 – 556
Frommel Monika, Die höchstrichterliche Rechtsprechung zur Vergewaltigung und sexuellen Nötigung –unverfroren und unbeirrbar,
in: Böllinger Lorenz/Lautmann Rüdiger, Vom Guten, das noch stets das Böse schafft, Frankfurt a. M. 1993, S. 113 - 130
Frommel Monika, Gewalt gegen Frauen – Utopische, realistische und rhetorische Forderungen an eine Reform der sexuellen Gewaltdelikte,
in: Battis Ulrich, Schultz Ulrike, Frauen im Recht, 1. Auflage, Heidelberg 1990, S. 257 - 279

Frommel Monika, Ist eine Reform der „sexuellen Gewaltdelikte“ notwendig? (zu Mösl, ZRP 1989, 49), ZRP 1989, 232
Frommel Monika, Das klägliche Ende der Reform der sexuellen Gewaltdelikte, ZRP 1988, 233 - 240
Frommel Monika, Wie kann die Staatsgewalt die Frauen vor sexueller Gewalt schützen, ZRP 1987, 242 – 247

Geerds Friedrich, Anmerkung zu BGH, Urt. v. 06.12.1983 - 1 StR 651/83, JR 1984, 430
Gössel Karl Heinz, Über die sog. Regelbeispielstechnik und die Abgrenzung zwischen Strafe und Strafzumessung, Festschrift für Hans Joachim Hirsch, Berlin 1999, S. 183 - 205
Graul Eva, Anmerkung zu BGH, Urteil v. 20.10.1999 – 2 StR 248/99, JR 2001, 117 – 120
Güntge Georg-Friedrich, Das Handlungsunrecht der sexuellen Nötigung bei schutz loser Lage des Opfers – Besprechung von BVerfG, Beschl. v. 1.7.2004 – 2 BvR 568/04, NJW 2004, 3750 - 3752

Harbeck Birgit, Probleme des Einheitstatbestandes sexueller Nötigung/ Vergewaltigung, 1. Auflage, Baden Baden 2001
Heinz-Grimm Renate, Sexueller Missbrauch geistig behinderter Menschen im Spannungsfeld des Strafrechts, in: Joachim Walter (Hrsg.), Sexualität und geistige Behinderung, 4. Auflage Heidelberg 1996, S. 430 - 443
Heynen Susanne, Vergewaltigung in: Bange/Körner (Hrsg.), Handwörterbuch Sexueller Missbrauch, S. 697 - 704
Helmken Dierk, Vergewaltigungsreform und kein Ende?, ZRP 1995, 302 - 307
Helmken Dierk, § 179 StGB – letzter Stolperstein der Vergewaltigungsreform?, ZRP 1996, 241 - 245
Hörnle Tatjana, Der Irrtum über das Einverständnis des Opfers bei einer sexuellen Nötigung, ZStW 112 (2000), 356 ff
Hörnle Tatjana, Anmerkung zu BGH, Urt. v. 16.06.1999 – 2 StR 28/99, NStZ 2000, 310 - 311
Hoffmann Birgit, Sterilisation geistig behinderter Erwachsener, Betreuungsrechtliche Behandlung und strafrechtliche Sanktionierung, 1. Auflage, Baden-Baden 1996

Jähnke Burkhard, Laufhütte Heinrich Wilhelm, Odersky Walter, Strafgesetzbuch Leipziger Kommentar, Band 1, 11. Auflage, Berlin 2003 (zit. LK-Bearb.)
Janßen Josef, Aus der Rechtsprechung des BGH zu materiellrechtlichen Fragen des Sexualstrafrechts 1997/1998, NStZ-RR 1998, 321 ff
Jescheck Hans-Heinrich, Ruß Wolfgang, Willms Günther, Strafgesetzbuch, Leipziger Kommentar, Band 4, 10. Auflage, Berlin 1988
Joecks Wolfgang, Miebach Klaus, Münchner Kommentar zum Strafgesetzbuch, Band 2, München 2004 (zit. MünchKomm-Bearb.)

Joecks Wolfgang, Miebach Klaus, Sander Günther M., Münchener Kommentar zum Strafgesetzbuch, Band 3 (§§ 185-262 StGB), 1. Auflage, München 2003 (zit. MünchKomm-Bearb.)

Keller R., Anmerkung zu BGH Urteil vom 11.07.1985 – 4 StR 307/85, JR 1986, 343-345

Kreß Claus, Das Sechste Gesetz zur Reform des Strafrechts, NJW 1998, 633 ff

Krug Alexander, Eine Frage der Abwägung - Der Fall Ludwig E. und seine juristische Dimension, Süddeutsche Zeitung v. 10./11.01.2004

Kruse Katja, Sczesny Sabine, Vergewaltigung und sexuelle Nötigung – bagatellisie rende Auslegung und Scheitern einer Reform, KJ 1993, 336 - 351

Künzel Christine, Vergewaltigungslektüren, Zur Codierung sexueller Gewalt in Literatur und Recht, 1. Auflage, Frankfurt/Main 2003

Lackner Karl, Kühl Kristian, Strafgesetzbuch mit Erläuterungen, 24. Auflage, München 2001

Lachwitz Klaus, Wendt Sabine, Stellungnahme der Bundesvereinigung Lebenshilfe für Menschen mit geistiger Behinderung vom 05.02.2003 zu dem Gesetzesentwurf der Fraktion SPD und Bündnis 90/Die Grünen (www.lebenshilfe.de/recht/Dokumente/Stellungnahme%2010.02..htm)

Lampe E.-J., Anmerkung zu BGH Urteil vom 20.03.1985 – 2 StR 44/85, JR 1986, 294-296

Laubenthal Klaus, Sexualstraftaten, 1. Auflage, Würzburg 2000

Laubenthal Klaus, Anmerkung zu BGH Urt. v. 03.11.1998 – 1 StR 521/98, JZ 1999, 583

Lenckner Theodor, Das 33. Strafrechtsänderungsgesetz - das Ende einer langen Geschichte, NJW 1997, 2801 ff

Maurach Reinhart, Zum subjektiven Tatbestand der §§ 176 Nr. 1, 177 StGB, GA 1956, 305 - 309

Maurach Reinhart, Schroeder Friedrich-Christian, Maiwald Manfred, Strafrecht Besonderer Teil, Teilband 1, Straftaten gegen Persönlichkeits- und Vermögens werte, 9. Auflage, Heidelberg 2003 (zit. M/S/M)

Meyer-Gerhards Gerhard, Sexueller Missbrauch, Entführung und Freiheitsberaubung bei Bewusstlosigkeit des Opfers – BGHSt 25, 237, JuS 1974, 566 - 570

Michaelis-Arntzen Else, Die Vergewaltigung aus kriminologischer, viktimologischer und aussagepsychologischer Sicht, 2. Auflage, München 1994

Michel, Anm. zu OLG Zweibrücken, Beschl. v. 18.04.1995, NStZ 1999, 357, 358

Miebach Klaus, Aus der Rechtsprechung des BGH zu materiell-rechtlichen Fragen des Sexualstrafrechts – 1996, NStZ 1997, 119 ff, 178 ff; - 1997, NStZ 1998, 130 ff, 186 ff

Mildenberger Elke H., Schutzlos – Hilflos – Widerstandsunfähig: Einige Anmerkungen zur Auslegung der Tatbestandserweiterung des § 177 StGB n.F., 1. Auflage, Münster 1998

Mildenberger Elke, Anmerkung zu LG Berlin, Urt. v. 23.01.1998 – 70 Js 1028/97 Kls 40/97, NJ 1998, S. 382 - 383
Mittelbach, Anm. zu BGH, Urt. v. 21.04.1959 - 5 StR 75/59, JR 1959, 343, 346
Möllers Martin H. W., Wörterbuch der Polizei, S. 1446 - 1453

Neumann Ulfrid, Puppe Ingeborg, Schild Wolfgang, Nomos Kommentar zum Strafgesetzbuch, Band 4, 1. Auflage Baden-Baden 1995, 11. Lieferung 30.11.2001 (zit. NK-StGB-Bearb.); 2. Auflage 2005 (zit. NK-StGB-Bearb., 2005)
Noack Cornelia, Schmid Hanna, Sexuelle Gewalt gegen Menschen mit geistiger Behinderung – eine verleugnete Realität,
in: Walter Joachim, Sexualität und geistige Behinderung, 4. Auflage Heidelberg 1996, S. 444 – 457

Oberlies Dagmar, Selbstbestimmung und Behinderung – Wertungswidersprüche im Sexualstrafrecht?, ZStW 114 (2002), 130 - 147
Oberlies Dagmar, Der Stellenwert der Selbstbestimmung behinderter Menschen im Sexualstrafrecht
in: Zinsmeister Julia, Sexuelle Gewalt gegen behinderte Menschen und das Recht, Opladen 2003, S. 27-39
Oberlies Dagmar, Selbstbestimmung und Behinderung – Wertungswidersprüche im Sexualstrafrecht?
in: Zinsmeister Julia, Sexuelle Gewalt gegen behinderte Menschen und das Recht, Opladen 2003, S. 157-197
Otto Harro, Die Neufassung der §§ 177 – 179 StGB, Jura 1998, 210 ff

Pfister Wolfgang, Aus der Rechtsprechung des BGH zu materiell-rechtlichen Fragen des Sexualstrafrechts - 1998/1999, NStZ-RR 1999, 321 ff, 353 ff; - 1999/2000, NStZ-RR 2000, 353 ff; - 2000/2001, NStZ-RR 2001, 353 ff
Pieroth Bodo, Schlink Bernhard, Grundrechte Staatsrecht II, 11. Auflage Heidelberg 1995
Pott Christine, Rechtsgutsgedanke versus Freiheitsverletzung; Zum Begriff des Unrechts bei der Vergewaltigung nach dem 6. Strafrechtsreformgesetz, KritV 1999, 91 - 113

Reichenbach Peter, Der strafrechtliche Schutz behinderter Menschen vor sexuellem Missbrauch – Zur verfassungskonformen Umgestaltung des § 179 StGB, GA 2003, 550 - 568
Reinbold Klaus-Jürgen, Jans Bernhard, Handbuch zur Gewaltprävention. Handlungsmodelle für die Praxis, 1. Auflage Freiburg im Breisgau, Grafschaft 1997
Reinbold Klaus-Jürgen, Lohfinf Barbara, Hannich Michael, Sexueller Missbrauch von Kindern und Jugendlichen in der Familie,
in: Reinbold Klaus-Jürgen/Jans Bernhard, Handbuch zur Generalprävention. Handlungsmodelle für die Praxis, 1. Auflage, Freiburg im Breisgau, Grafschaft 1997, S. 40

Renzikowski Joachim, Anmerkung zu BGH – 4 StR 389/99, NStZ 2000, 367
Renzikowski Joachim, Das Sexualstrafrecht nach dem 6. Strafrechtsreformgesetz, NStZ 1999, 377 - 385, 440 - 442
Renzikowski Joachim, Anmerkung zu BGH, Urteil vom 14.01.1997 – 1 StR 507/96, JR 1998, 126
Riess Peter, Zur Aburteilungspraxis bei sexueller Gewaltkriminalität, Festschrift für Herbert Tröndle zum 70. Geburtstag, Berlin 1989, 369 - 393
Röthlein Andrea Maria, Sexueller Missbrauch und Psychiatrie – Eine Untersuchung über sexuellen Missbrauch in der Vorgeschichte von Patientinnen der Psychothe rapiestation des Klinikums am Europakanal in Erlangen, 1. Auflage Neuburg an der Donau 2000
Rosenau Henning, Tendenzen und Gründe der Reform des Sexualstrafrechts, StV 1999, 388 ff
Roxin Claus, Strafrecht Allgemeiner Teil, Band 1, Grundlagen Aufbau der Verbrechenslehre, 3. Auflage, München 1997
Rudolphi Hans Joachim, Horn Eckhard, Samson Erich, Günther Hans-Ludwig, Hoyer Andreas, Wolters Gereon, Stein Ulrich, Rogall Klaus, Systematischer Kommentar zum Strafgesetzbuch, Band 1, München 2003, 38. Lieferung, April 2003; Band 2, Neuwied 1994, 49. Lieferung (Oktober 1999); 50. Lieferung (April 2000); 55. Lieferung (September 2002); 58. Lieferung (September 2003) (zit. SK-Bearb.)
Rühling Helga, Kassebrock Friedrich, Behinderung und sexuelle Gewalt, in: Bange/Körner (Hrsg.) Handwörterbuch Sexueller Missbrauch, S. 31 – 36

Schall Hero, Auslegungsfragen des § 179 StGB und das Problem der eigenhändigen Delikte - KG, NJW 1977, 817, JuS 1979, 104 - 110
Schapira Alisa, Die Rechtsprechung zur Vergewaltigung – Über die weit gezogenen Grenzen der erlaubten Gewalt gegen Frauen, KJ 1977, 221-241
Schild, Wolfgang, „Eindringen" (§ 123 I StGB) bei individuellem Betretungsverbot, NStZ 1986, 346 - 351
Schlüchter Ellen, Bochumer Erläuterungen zum 6. Strafrechtsreformgesetz, Frankfurt/Main 1998
Schönke Adolf, Schröder Horst, Strafgesetzbuch Kommentar, 25. Auflage, München 1997; 26. Auflage, München 2001 (zit. S/S-Bearb.)
Schroeder Friedrich-Christian, Die Rechtsprechung des Bundesgerichtshofs auf dem Gebiet der Sexualstraftaten in: 50 Jahre Bundesgerichtshof – Festgabe aus der Wissenschaft, Band IV, München 2000, S. 485 – 501
Schroeder Friedrich-Christian, Schutzlos – Hilflos – Widerstandsunfähig: Einige Anmerkungen zur Auslegung der Tatbestandserweiterung des § 177 StGB n.F., GA 2000, 293 –294
Schroeder Friedrich-Christian, Die Revolution des Sexualstrafrechts 1992-1998, JZ 1999, 827 - 833
Schröder Horst, Anmerkung zu BGH, Urt. v. 14.12.1966 - 2 StR 346/66, JR 1967, 304, 305

Schulz Joachim, Parallelwertung in der Laiensphäre und Vorsatzbegriff. Skizzen zur Dogmengeschichte eines dogmatischen Kuriosums, in: Festschrift für Günter Bemmann, 1. Auflage, Baden-Baden 1997
Sick Brigitte, Zweierlei Recht für zweierlei Geschlecht – Wertungswidersprüche im Geschlechterverhältnis am Beispiel des Sexualstrafrechts, ZStW 103 (1991), 43 ff
Sick Brigitte, Sexuelles Selbstbestimmungsrecht und Vergewaltigungsbegriff: Ein Beitrag zur gegenwärtigen Diskussion einer Neufassung des § 177 StGB unter Berücksichtigung der Strafbarkeit de lege lata und empirischer Gesichtspunkte, 1. Auflage, Berlin 1993
Sick Brigitte, Die sexuellen Gewaltdelikte oder: Der Gegensatz zwischen Verbrechensempirie und Rechtswirklichkeit, MschrKrim 1995, 281 - 293
Stächelin Gregor, Das 6. Strafrechtsreformgesetz – Vom Streben nach Harmonie, großen Reformen und höheren Strafen, StV 1998, 98 ff

Tröndle Herbert; Fischer Thomas, Strafgesetzbuch und Nebengesetze, 51. Auflage, München 2003; 52. Auflage, München 2004 (zit. T/F-Fischer)
Trube-Becker Elisabeth, Gewalt gegen das Kind – Vernachlässigung, Misshandlung, sexueller Missbrauch und Tötung von Kindern, 2. Auflage Heidelberg 1987

Wais Mathias; Galle' Ingrid, ...der ganz alltägliche Missbrauch, 1. Auflage, Ostfildern 1996
Walter Michael, Wolke Angelika, Zur Funktion des Strafrechts bei "akuten sozialen Problemen", MschrKrim 1997, 93 - 107
Walter Joachim (Hrsg.), Sexualität und geistige Behinderung, 4. Auflage, Heidelberg, 1996
Wetzel Stephan, Die Neuregelung der §§ 177 - 179 StGB unter besonderer Berücksichtigung des ehelichen Bereichs und ausländischer Rechtsordnungen, 1. Auflage, Frankfurt am Main 1998
Wilmer Thomas, Sexueller Missbrauch von Kindern, Empirische Grundlagen und kriminalpolitische Überlegungen, 1. Auflage, Frankfurt am Main 1996
Wolter Jürgen, Gewaltanwendung und Gewalttätigkeit, NStZ 1985, 193 - 198, 245 - 252

Zinsmeister Julia, Wie kann der Schutz von behinderten Menschen vor sexueller Gewalt verbessert werden?, Ein Diskussionsbeitrag zur geplanten Reform des Sexualstrafrechts, Rechtsdienst der Lebenshilfe Nr. 1/03, S. 7-10
Zinsmeister Julia, Sexuelle Gewalt gegen behinderte Menschen und das Recht, Gewaltprävention und Opferschutz zwischen Behindertenhilfe und Strafjustiz, 1. Auflage, Opladen 2003

Quellenverzeichnis

I. Gesetzesentwürfe:

Entwurf eines Strafrechtsänderungsgesetzes - §§ 177 bis 179 StGB; Vorgelegt durch die Fraktionen von CDU/CSU und FDP, BT-Drucks. 13/2463

Entwurf eines Sechsten Gesetzes zur Reform des Strafrechts (6. StrRG); Vorgelegt durch die Fraktionen der CDU/CSU und FDP, BT-Drucks. 13/7164

Entwurf eines Strafrechtsänderungsgesetzes - §§ 177 bis 179 StGB; Vorgelegt durch Abgeordnete der Fraktionen von SPD, Bündnis 90/Die Grünen und FDP (Gruppenantrag), BT- Drucks. 13/7324

Entwurf eines Strafrechtsänderungsgesetzes - § 174 c StGB; Vorgelegt durch die Bundesregierung, BT-Drucks. 13/8267

Entwurf eines Sechsten Gesetzes zur Reform des Strafrechts (6. StrRG); Vorgelegt durch die Bundesregierung, BT-Drucks. 13/8587

Entwurf eines Strafrechtsänderungsgesetzes - Sexueller Missbrauch von Kindern; Vorgelegt durch den Bundesrat, BT-Drucks. 14/1125

Entwurf eines Gesetzes zur Verbesserung des Schutzes der Bevölkerung vor Sexualverbrechen und anderen schweren Straftaten; Vorgelegt durch Abgeordnete der Fraktion der CDU/CSU, BT-Drucks. 14/6709

Entwurf eines Gesetzes zur Verbesserung des Schutzes der Bevölkerung vor Sexualverbrechen und anderen schweren Straftaten; Vorgelegt durch die Fraktion der CDU/CSU, BT-Drucks. 15/29

Entwurf eines Gesetzes zur Änderung der Vorschriften über die Straftaten gegen die sexuelle Selbstbestimmung und zur Änderung anderer Vorschriften; Vorgelegt durch die Fraktionen SPD und Bündnis 90/Die Grünen, BT-Drucks. 15/350

II. Protokolle und Berichte der Ausschüsse des Deutschen Bundestages:

Beschlussempfehlung und Bericht des Rechtsausschusses (6. Ausschuss) zu dem Gesetzesentwurf - Drucksache 13/7324 - vom 14.05.1997, BT-Drucks. 13/7663

Bericht des Rechtsausschusses (6. Ausschuss) zu den Gesetzesentwürfen – Drucksachen 13/7164, 13/8587, 13/6038, 13/8267, 13/8548, 13/2203, 13/3468, 12/8336, 13/2005 - vom 13.11.1997, BT-Drucks. 13/9064

Bericht der Bundesregierung zu § 179 StGB (Sexueller Missbrauch widerstandsunfähiger Personen) - vom März 2001
(im Internet abrufbar unter: www.bmj.bund.de/media/archive/140.pdf)

Beschlussempfehlung und Bericht des Rechtsausschusses (6. Ausschuss) zu den Gesetzesentwürfen - Drucksache 14/6709 und Drucksache 14/1125 - vom 15.04.2002, BT-Drucks. 14/8779
Beschlussempfehlung und Bericht des Rechtsausschusses (6. Ausschuss) zu den Gesetzesentwürfen –Drucksache 15/350; Drucksache 15/29 und Drucksache 15/31 – vom 01.07.2003, BT-Drucks. 15/1311
Unterrichtung durch den Bundesrat zu den Gesetzesentwürfen – Drucksachen 15/350 und 15/1311 – vom 01.10.2003, BT-Drucks. 15/1642
Antwort der Bundesregierung auf die kleine Anfrage der Fraktion der CDU/CSU vom 23.04.2004, BT-Drucks. 15/3154

Silke Elli Jäger

Behandlung von Sexualstraftätern im Strafvollzug

Frankfurt am Main, Berlin, Bern, Bruxelles, New York, Oxford, Wien, 2003.
269 S., zahlr. Abb. und Tab.
Würzburger Schriften zur Kriminalwissenschaft.
Herausgegeben von Klaus Laubenthal. Bd. 12
ISBN 3-631-51145-0 · br. € 45.50*

Die Arbeit beschäftigt sich mit der Möglichkeit einer effektiven Behandlung von inhaftierten Sexualstraftätern. Zunächst werden die verschiedenen sexuellen Deviationen näher erläutert, die im Zusammenhang mit Sexualstraftaten auftreten können. Die größte Schwierigkeit der Sexualstraftäterbehandlung ergibt sich im Hinblick auf die besondere Situation im Strafvollzug, in dem Sexualstraftäter in der Gefangenenhierarchie auf unterster Stufe stehen. Sozialtherapeutische Einrichtungen sollen ein günstigeres soziales Umfeld für täterspezifische Behandlungsmaßnahmen schaffen. Die am häufigsten angewendeten Therapiemethoden beinhalten kognitiv-behaviorale Ansätze und haben vor allem die Entwicklung bzw. Stärkung sozialer Kompetenz zum Ziel.

Aus dem Inhalt: Sexuelle Störungen und Sexualdelinquenz · Straftaten gegen die sexuelle Selbstbestimmung · Umfang, Struktur und Entwicklung der Sexualkriminalität · Tätertypologien · Situation im Strafvollzug · Resozialisierung als Vollzugsziel · Sozialtherapeutische Anstalten als besondere Einrichtungen des Strafvollzugs · Sozialtherapie im Strafvollzug · Behandlung von Sexualstraftätern · Rückfälligkeit

FSC
www.fsc.org
MIX
Papier | Fördert
gute Waldnutzung
FSC® C083411

Kolibri 360 GmbH
Ferdinand-Jühlke-Straße 7
99095 Erfurt, Deutschland
produktsicherheit@kolibri360.de

Druck:
CPI Druckdienstleistungen GmbH
im Auftrag der
Kolibri 360 GmbH
Ferdinand-Jühlke-Str. 7
99095 Erfurt